内務府造辦處除六個辦事管理機構外，還承擔皇宮修理和收貯的廠作、庫房。康熙三十二年（1693）開始設立作坊。根據檔案記載，造辦處的各類事業作坊有十餘處，有玻璃廠、如意館、裱作、弓作、硯作、金玉作、木作、廣木作、珐瑯作、銅作、鋄作、匣作、表作、鞍甲作、鑲嵌作、鑲金作、大器作、鍍床作、燈裁作、盔頭作、累絲作、雕鑾作、雜活作、錫作、花炮作、綻子藥作、刀兒作、成衣作、堆紗作、繳兒作、北鞍處、繡活處、儀器處、輿圖處、造經處、銅版處、裝修處、造屏風寶座處、緞造處、整山螺處等。

造辦處與皇室起居息息相關，它的職能範圍涉及很廣，除御用品製造、修繕、收藏外，還參與裝修陳設、輿圖繪製、兵工製造、貢品收發、寶爾官員以及洋人管理等事宜。包羅之廣，大大超出工藝製造範疇。在宮中是具有實力的特殊機構，造辦處的製作網是全國性的，除宮中廠房外，在景山、圓明園等地尚有許多作坊。一些特種工藝，由造辦處設計畫樣，文杭州、蘇州、江寧三織造以及九江關、粵海關等處御用作坊製作。造辦處中西藝人、民間巧師高手雲集，極品製作不計工本，紅銀無數，是官任生活著盛銅張的縮影。

造辦處機構形成的宮室，現已十保存在中國第一歷史檔案館。

以手抵心

故宫文物修复师的故事

韩童　著

電子工業出版社
Publishing House of Electronics Industry
北京·BEIJING

图书在版编目（CIP）数据

以手抵心 ：故宫文物修复师的故事 / 韩童著. --北京 ：电子工业出版社，2024.4

ISBN 978-7-121-47294-7

Ⅰ. ①以… Ⅱ. ①韩… Ⅲ. ①文物修整－中国 Ⅳ. ①G264.3

中国国家版本馆CIP数据核字(2024)第041186号

责任编辑：赵英华

印　　刷：北京利丰雅高长城印刷有限公司

装　　订：北京利丰雅高长城印刷有限公司

出版发行：电子工业出版社

　　　　　北京市海淀区万寿路173信箱　　邮编：100036

开　　本：889×1194　1/20　　印张：13　　字数：416千字

版　　次：2024年4月第1版

印　　次：2024年4月第1次印刷

定　　价：128.00 元

凡所购买电子工业出版社图书有缺损问题，请向购买书店调换。若书店售缺，请与本社发行部联系，联系及邮购电话：（010）88254888，88258888。

质量投诉请发邮件至 zlts@phei.com.cn，盗版侵权举报请发邮件至 dbqq@phei.com.cn。

本书咨询联系方式：（010）88254161 ～ 88254167 转 1897。

序

物华天宝　光复如初

赵珩 / 文

《以手抵心：故宫文物修复师的故事》一书即将出版了，作者要我为此写点文字。阅读书稿后有两点感触，一是惶恐，二是感动。所谓惶恐，是我对此完全外行，谈不出深入的见解；而感动，则是为这些世代相传的工匠精神、兢兢业业的无我恪守而为之肃然起敬。

故宫是明清两代的皇家宫殿，除朝议政事和帝后起居外，还藏有大量的文玩器物、典籍书画。可谓天禄琳琅，浩如烟海，皆是物华天宝，稀世之珍。随着世事更迭，年代久远，都难免有不同程度的损毁和破坏。于是，文物的修复就成为一项重要的工作。

据史料记载，自隋唐两宋以来，宫廷就设有图书文玩的维护与修复的机构，如唐代的文思院、宋代的书画裱背（后称裱褙）待招（手艺匠人）等。清代的造办处，更有分工明确的门类。直到清王朝结束，造办处的修复工匠也多为故宫博物院接收，成为故宫博物院不可或缺的一个部门。当然，也有一部分工匠流入社会，如玉池山房和琉璃厂肆、小器作等，使得许多技艺传入社会。

故宫的修复技艺传承有序，许多工匠是世代相承，不但有自身的传承，同时也兼容并蓄，广泛吸收和借鉴各地的工艺技巧。例如装裱一项，不但以北派为基础，同时也融入了苏帮和扬帮的技艺。在木作工艺上，也是因材施技，博采众长。钟表的修复，则更是需要了解西方的机械技术和工艺原理。

本书共分八个不同的门类，即钟表、铜器、木器、书画、陶瓷、漆器、镶嵌和复制采编。在这些门类中，既有代表性传人的学艺经历，也有在他们的带领下新一代传人的成长过程。筚路蓝缕，求索精进，几代人的艰难追求，恪尽相守，才使得修复工艺代代相传。

今天，展现在人们面前的历史文物光彩夺目，凝结着我们中华民族历史与文化的最高成就，当我们能得以观瞻瑰宝如初的物件时，背后无不渗透着伟大的工匠精神，既有原创者的智慧，同时也有着修复者的劳动。

这本书所记录的，也仅仅是故宫文物修复队伍中的很少一部分，师徒相从，口传心授，乃至于他们的生活经历的一鳞半爪，远远不及其万一。最近几十年，故宫的修复队伍正在不断增加，人员素质也在不断提高，教学与实践的方式也发生着变化和进步。他们是故宫文物的守望者，也是文物的维护者。我们在观瞻文物时看不到他们的名字，但是他们的熠熠光彩却与那些文物同在。

工匠精神，代代相守，抑或就是这本读物的初衷吧。

2024 年元月

自序

格物

韩童 / 文

故宫博物院是明清两代的皇宫遗址，曾经是中国的政治权力中心，是我们重要的文化符号，又因为故宫藏有大量珍贵的文物，现今成了世界知名的一流博物馆。很幸运我能作为故宫博物院文保科技部的一分子参与到这些珍贵文物的保护与研究工作中，能够与这里的文物修复专家们一起工作、学习、生活。文物修复工作需要将自身情感倾注于文物之上，这是一个穿越时空与古人对话，与器物对话的过程，人与物相互影响、相互塑造。修复人员以自身观物，以文物反观内心，全身心投入到修复当中，我想这就是古人“格物”的精神。

故宫的修复技艺传承有序，例如“传统青铜器修复技艺”，据考证第一代修复大师是光绪年间的太监“歪嘴于”，如今最年轻的同事已经是第六代了；故宫的“古书画装裱修复技艺”以苏帮装裱为基础，结合扬帮以及北方装裱技术形成了独具特点的装裱修复技艺，如今在院内已经传承了四代。故宫的文物修复团队人人都身怀绝技，有各自擅长的领域，且专业知识丰富。他们中既有王津、王有亮这类国家级非遗修复技艺传承人，也有屈峰、巨建伟这些美院出身的艺术家，同时还有众多名校毕业的科技保护领域的高才生。他们有各自的缘由来到这里，共同守护着我们的国宝文物。他们以“工匠”为职业，发扬着“工匠精神”，但并不被“工匠”的身份所限制，传承修复技艺的同时还在以自己的方式深造钻研，实现更广阔的人生价值。

在故宫工作是很特别的一种体验，上下班之间有种古今穿越的感觉，修复专家们同时过着现代与传统两种模式的生活。在这里时间过得既慢又快，老师傅们以十年为时间单位生活着，一辈子也只做一件事。文物修复是一件神秘而严肃的工作，从事这项工作的人却是和我们一样的普通人，他们有着自己的生活和喜怒哀乐，这本书不是介绍修复技艺和文物保护的学术书籍，我想展现的是他们的人生轨迹，和对工作的一些看法感悟，“格物”的主体永远是人。

目录

甲

朝钟暮鼓

钟表组

一日出刻轮，出时轮，接时刻轮，凡刻轮有从二轮轴上出者，有另立一柱出者。
时轮有一画夜一转一画夜，两转者接时刻轮有从大轮轴上出者，有另作桥盖。
因接刻以接时者……

王津

王津，故宫博物院研究馆员，故宫古钟表研究所副所长，国家级非物质文化遗产古钟表修复技艺第三代传承人。1977 年进入故宫博物院文保科技部从事文物钟表修复与保护工作，师从钟表修复师马玉良副研究员。从事古钟表修复工作 46 年，多年以来王津修复各类文物钟表数百件。

“算起来四十多年真是挺长的，但是我一点儿都不寂寞。”

王津祖父王超在故宫留影，摄于1965年

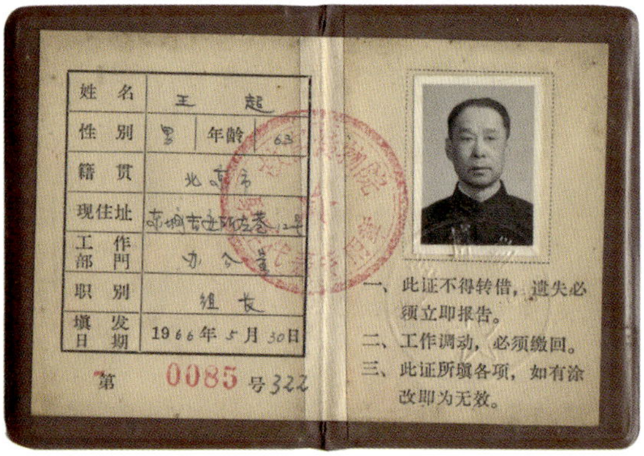

王津祖父王超的工作证

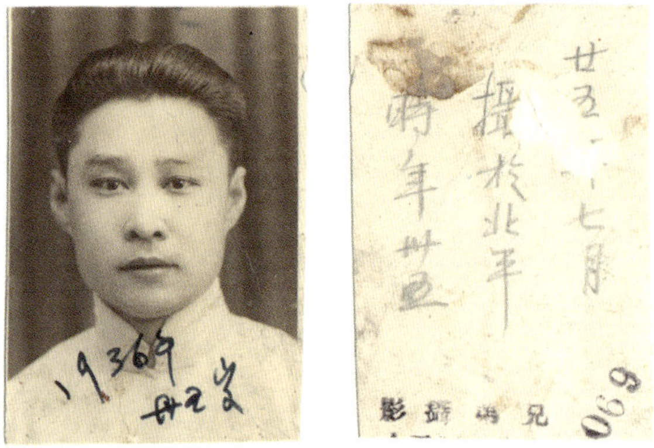

王津祖父王超，摄于1936年

我是 1977 年 12 月接我爷爷的班，进入故宫工作的。我爷爷在故宫的图书馆工作。其实，当时我也应该去图书馆上班，后来没想到把我分到了文保科技部——当时还叫文物修复厂。徐厂长接我进来，带我到各屋转了一圈。当时要让我挑的话，我更想学木器修复。原因是我有个街坊是木匠，活儿做得特别好，我小学三四年级的时候就喜欢帮他干活儿，对木工活比较感兴趣。

徐厂长带我来到了钟表组，我师父马玉良打开了一件钟表，一拉绳小人就转着出来了，小人走到中间音乐就停了，小人开始报时，报完时音乐响起小人就又回去了。这一下就吸引了我。师父问："你喜欢什么呀，喜欢动态钟表还是静态钟表？"其实我对宫廷钟表并没有特别深的理解，就是挺喜欢的，小人一出来感觉很好玩，过去从来没见过。

那会儿家里的钟表就是闹钟或者挂钟，能走就行了，我一看这些从来没见过的宫廷钟表确实感兴趣。那会儿都是师父选徒弟，我回家以后等了一周时间，单位通知我去钟表组，跟着我师父马玉良学修复。后来听同事说，我师父比较喜欢教岁数小一些的男生，觉得悟性好。当时我刚过 16 岁，正好是做学徒的好年纪。就这样，我从学徒一直干到今天，正好 46 年。时间过得挺快的，这么多年干下来，修复了不少文物，故宫的一些一级精品钟表修复也都参与了，还参与了各种大型的钟表展览，感觉挺幸运的。前段时间发现，我正在修复一对钟表的其中一件，而我师爷竟然修复过另一件，还有当时的照片。两件钟表的修复时间相差了将近 70 年。没想到快退休的时候赶上这么一件事儿，太有意义了。

王津在故宫皇极殿修复皇极殿大自鸣钟，摄于 2020 年

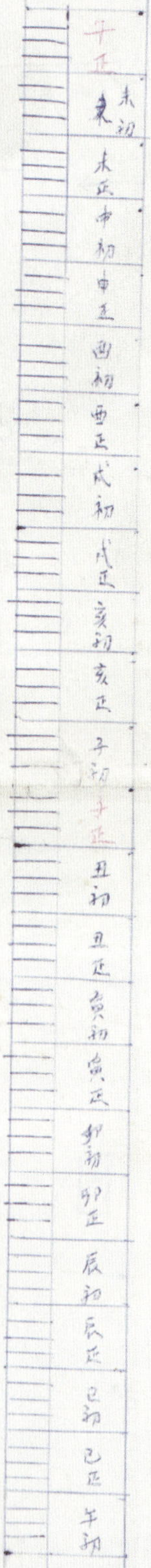

修复大师徐文麟

王津

修复大师徐文麟与徒弟马玉良（左）、陈贺然（后排中）、白金栋（右）合影

王津与徒弟亓昊楠（左）、项宛（后排中）、杨晓晨（右）合影

要说这些年有什么遗憾，那就是钟表史里有记载的铜镀金写字人钟——在钟表馆展览里能看到。这件钟表是世界级孤品，机芯里边具体什么样还不知道。听说我师父大概在 20 世纪 50 年代的时候调试过这件钟表，没有完全拆散了修，当时不是很重视视觉素材的记录工作，没用照相机拍一下里面的情况，还挺遗憾的。关于铜镀金写字人钟的传闻比较多，估计年轻一辈还能有机会看看内部的结构，不知道我能不能赶上也去瞧瞧。

钟表修复我觉得是比较特别的。因为钟表是“活”的东西，要精准走时只是基本要求，主要难点是恢复宫廷钟表的表演功能。它是纯机械的结构，如果有缺失的零件，要手工做出来补上去。恢复表演功能最能检验一个人的修复技艺水平，让它动起来是最难的，一点儿也马虎不得。之前有人问过我，几十年就坐在那捣鼓钟表会不会寂寞。算起来四十多年真是挺长的，但是我一点儿都不寂寞。故宫的钟表修理工作可能跟其他社会上的修表行当不太一样，一般的手表、钟表同型号同品牌的可能几百上千件都是一样的，如果坏了有统一配件，修起来是有参考的，也有资料可查。但故宫的钟表都是孤品，最多就是一对，甚至一对钟表都有着不小的差别，即便外形一样，机械的走向、设置也是不同的，甚至能看出来哪件是先做的哪件是后做的。之前参与修理的“铜镀金乡村音乐水法钟”打开中层的平台以后，发现里面的零件全是散的，所以我估计这件钟表以前有人修过，修到半截发现修不好了，就把零件都放里面盖上了。我师父讲过这种情况可能是“放炮了”——就是拆机芯的时候发条没有完全放空，发条上还带着劲儿，一拆那肯定就把发条打崩了。

那会儿我年纪小，师父和我父母年纪差不多，我们之间的关系很亲近，基本就相当于父子关系。在我的印象里师父很自律，从来没有迟到早退过，坚持了一辈子。师父很敬业，对工作的要求也很严。记得 1982 年广州那边有钟表要修，当时有人提议要把钟表运来北京修，但是条件有限只能火车托运。后来，师父说还是咱们去吧，修好以后可能被火车一震又坏了，对文物不好。师父患有哮喘，天天靠着喷雾药剂来扩张血管。而且当时正值春节前夕，师父还是带着我坐 36 个小时的火车去了广州。

现在，我也收了几名徒弟，他们跟我儿子年纪差不多，基本都是“80 后”“90 后”。几个孩子都不错，都很尊重我，我们就跟一家人一样。

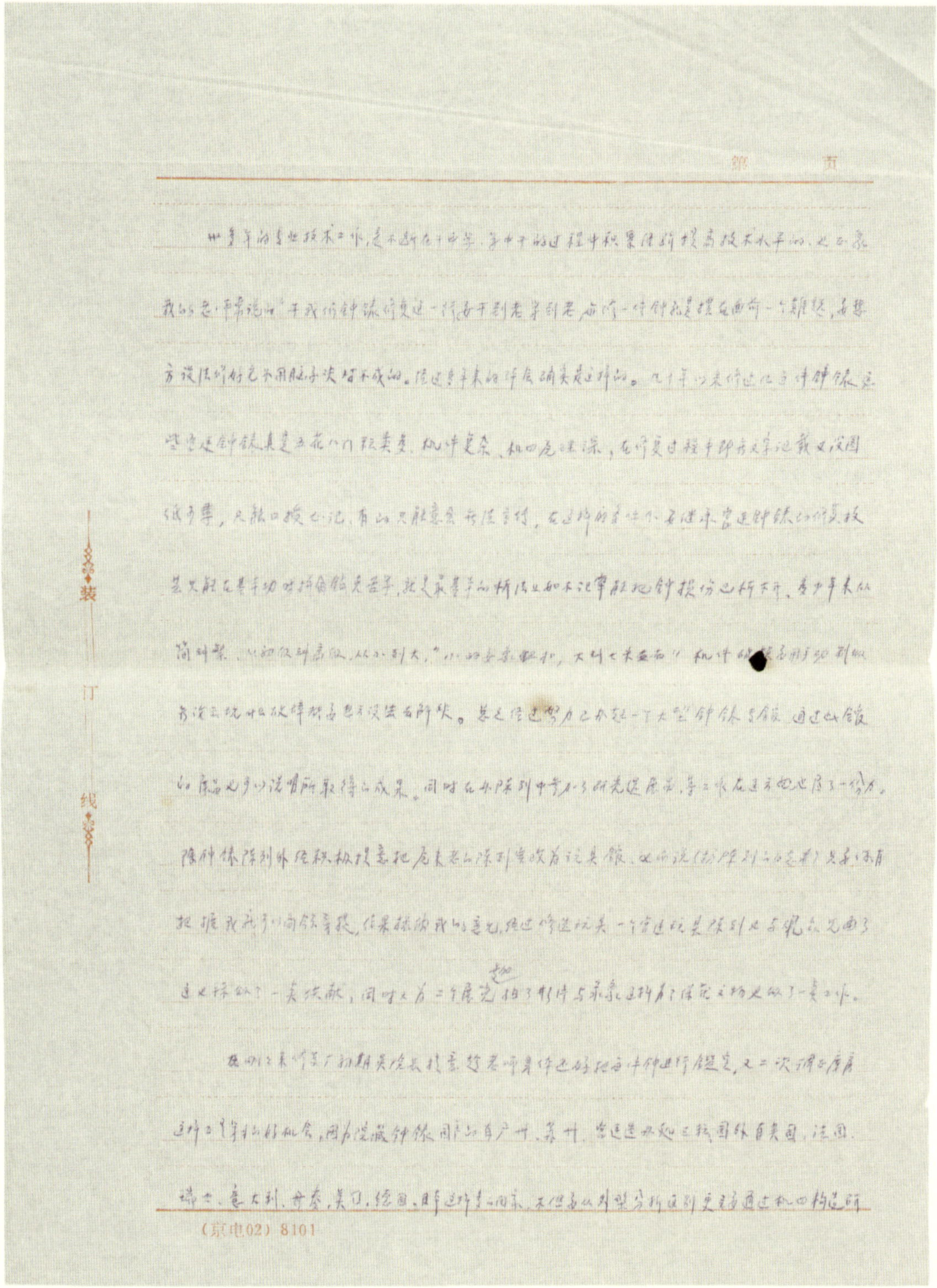

王津和他师父的手稿

三辰公晷

此仪测日星皆可以知时刻，依各省北极高度为低昂，随地皆可用之。其外为子午圈，周围画三百六十度，
上为天顶，下为地心。两轴为南北极，与子午圈成十字者为天常赤道圈，周围画十二时，每时初正各四刻，
每刻分三分，每分为五分，每一刻为十五分。天常赤道内层活盘为游旋赤道圈，周围画十二宫，每宫三十度，
以南北极为枢，自东而西旋转者为过极游圈，中嵌安西洋远镜，以候游旋赤道一也，可中
随一也，当中嵌以数三尺游旋赤道之安游表以指时刻，座之中心开圆孔，从天顶挂坠
线，以取直度，立起旋以取子午，安指南针以定南北。

用法：一则测日求时刻，先将指南针对正子午，使以定地平。次自北极
向南数五十度以定京师天顶。天顶距地平恒九十度，京师北极出地三十九度
五十分，则天顶距北极五十度十分，因仪四象分数而五分为数甚微，只用
五十度，各省皆仿此。二次依天顶距北极五十度，自南极向下数之，为地心所
对之度，将子午圈推转，使此度对于座心圆孔之中。天顶距北极之度即地心
下距南极之度，故自南极向下数之，得地心下所对之度也。自天顶挂坠线，将螺
旋松开，使此线垂下，正对地心，南北平，偏东西不倚，始为平准。次以游表
之内尖对过极游圈中线，安定，将过极游圈推转，从中缝窥日，恰对中线，
则圈上日影正，游表外尖所指即为时刻。

一则测月五星求时刻，如前法将仪四象安平，考查七政赤道经度
表，本日月五星在某宫度分，即将过极游圈中缝对游旋赤道宫度，安定中
缝。至其时，对查本日太阳在某宫度分，将游表之内尖对游旋赤道宫
度，安定。七政赤道经度表所列乃本日子正经度，如某时测月五星，必计

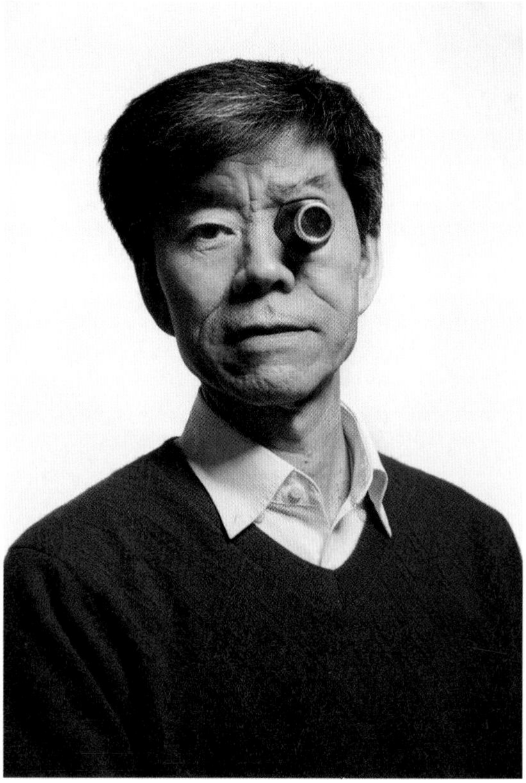

王津和他修复过的钟表（使用多重曝光技术拍摄）

如今我儿子在颐和园做古钟表修复工作。他从小就在故宫长大，幼儿园和小学的时候放了学就来我单位在办公室等着，我工作，他在一边写作业，可能受到我的熏陶比较浓厚吧。我觉得他也能喜欢这行，干这行挺好的，对我来说挺圆满。从我太爷爷开始我们家几代人都在故宫工作，我太爷爷当时是做财务相关工作的，可能是给侍卫发饷。20世纪20年代，故宫成为博物馆，我爷爷就在故宫的图书馆做档案管理工作。我岳父在故宫古建部做古建修缮工作，也是老手艺人，要是我儿子也能来故宫上班就更圆满了。

我认为现在钟表组的年轻人是非常有前途的，他们可以结合现代的修复理念和科学技术，更好地完成修复任务。目前故宫还有约400件钟表没有修复、调试过，未来的任务还是很重的。现在不单要修好文物，还要做好文物的研究工作，查找、整理更深入的资料。我们这代人不太会英语，查资料做研究上还是有欠缺的，希望他们能发挥认知和工具上的优势。

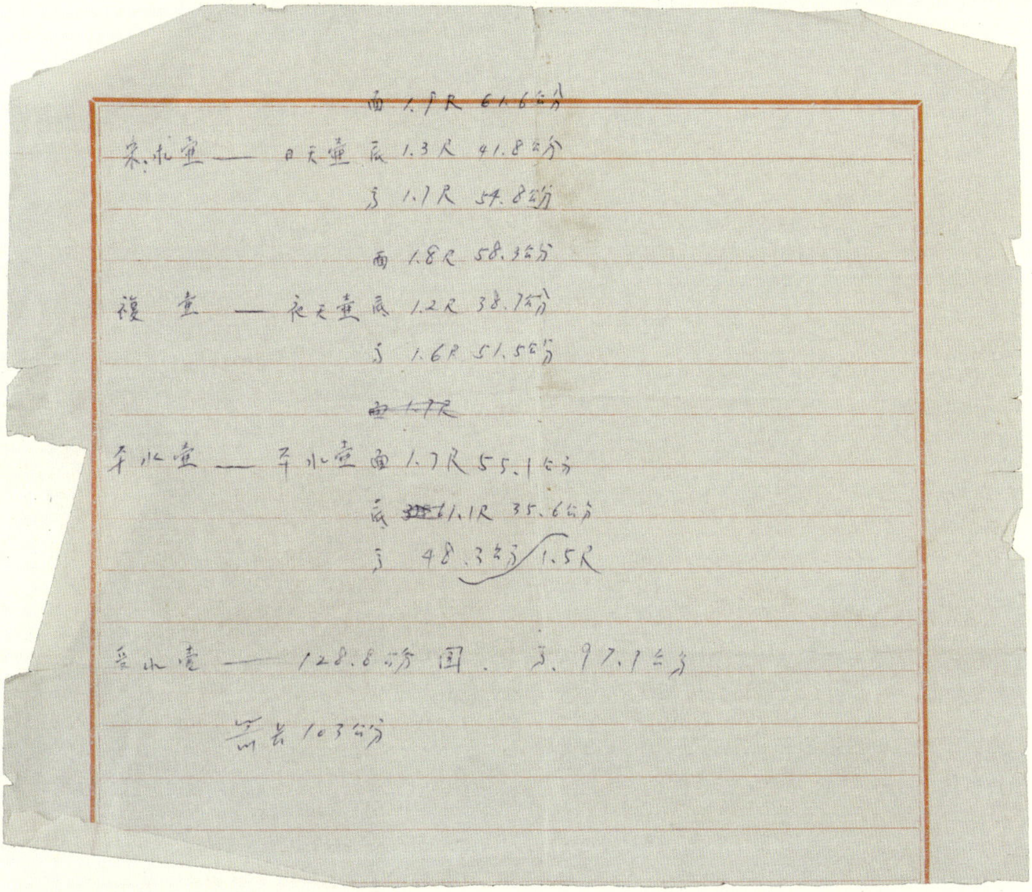

面 1.9尺 61.6公分
求水壶 —— 日天壶 底 1.3尺 41.8公分
方 1.7尺 54.8公分
面 1.8尺 58.3公分
複壶 —— 夜天壶 底 1.2尺 38.7公分
方 1.6尺 51.5公分
~~面 1.7尺~~
平水壶 —— 平水壶 面 1.7尺 55.1公分
底 1.1尺 35.6公分
方 48.3公分/1.5尺
受水壶 —— 128.8公分 圆，方 97.1公分
筒长 103公分

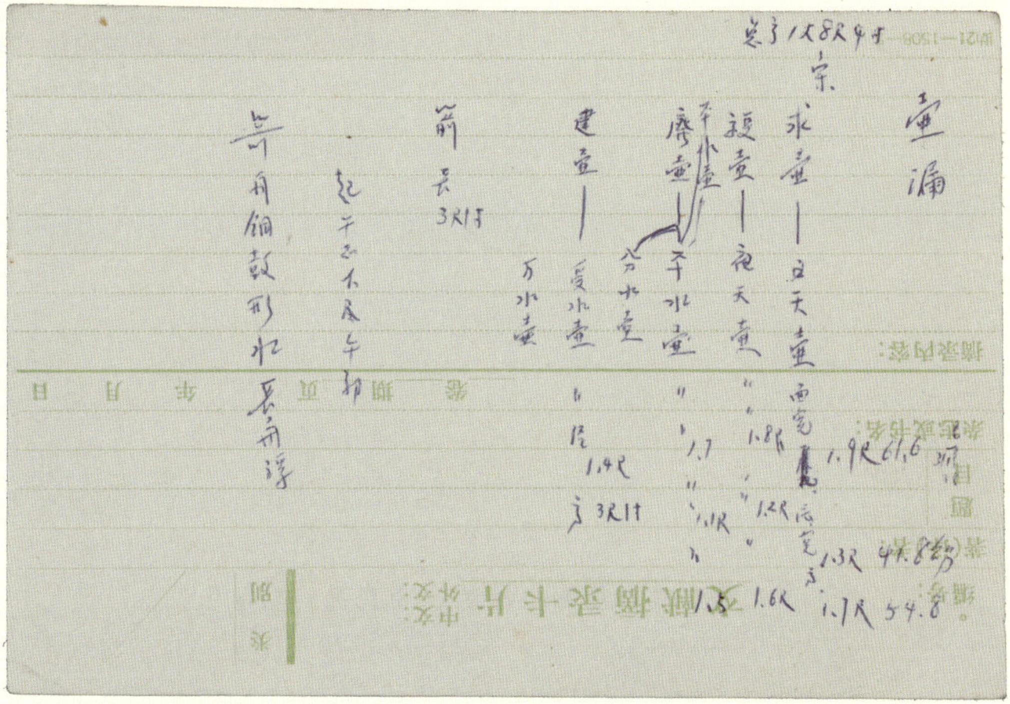

总高1丈8尺4寸
壶漏
求壶 —— 日天壶
複壶 —— 夜天壶
平水壶 —— 平水壶 / 分水壶
建壶 —— 受水壶 / 万水壶
箭 长3尺1寸

亓昊楠

亓昊楠，故宫博物院副研究馆员，文保科技部古钟表修护室负责人，国家级非物质文化遗产古钟表修复技艺第四代传承人。2005 年进入故宫的古钟表修复组，拜王津为师，从事古钟表修复与保护工作，修复古钟表近百件，发表了数十篇古钟表修复专业文章。

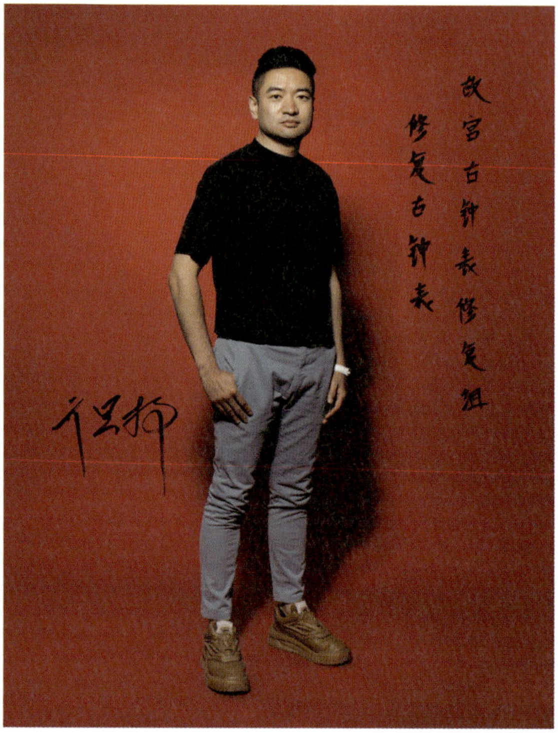

“文物和人也是相互影响、相互选择的。”

亓昊楠与师父王津，摄于 2020 年

我是 2005 年本科毕业正式进入故宫的古钟表修复组，拜王津老师为师，开始从事古钟表修复与保护工作的。我大学学的是自动化专业，当时故宫正在招人，报名的时候到文保科技部来看了一眼，各个工作室都转了转，我对钟表比较感兴趣，可能男生对这种复杂的机械天然就比较感兴趣。当时，古钟表修复组还没有现在这么多人，只有王老师和秦老师两个人，可以说通过层层筛选我最终进入了古钟表修复组。

我们整个学习制度都是师徒制，我之前并没有经历和体验过这种传统的师徒关系，只在电视上看到过。我觉得师父一般都比较严厉，会有一种“大家长”的感觉。所以第一次正式见师父之前心里比较忐忑，总怕碰到一个比较苛刻的师傅——这样工作一辈子，天天被师父骂，肯定心里不舒服。后来接触到王津老师，他给我的感觉很儒雅，比较温柔，教我也很用心。他基本上都是手把手地教，平时生活中也是言传身教。新员工工作的第一年是不能触碰文物的，要通过大量的修复练习来磨炼基本功，比如修复一些现代的座钟、挂钟、闹钟，通过这些修复工作提高基本功，将失误率降到最低。通过师父的考核后，第二年我就开始参与文物的修复了。

我的职业生涯中第一件独立修复的文物是法国的风车轮晴雨钟表，这件钟表机械原理虽然很简单——它只有一套走势系统和一个动力系统，但是它变形比较严重，锈蚀也比较严重，所以要经过拆装清洗、组装调试，之后还要矫形补配，最后才能将这件钟表的全部表演功能恢复如初。

钟表修复需要一个非常整洁的环境，因为钟表里都是精密零件，杂物和灰尘会影响修复流程也不利于机芯的运转，所以做钟表修复的都得是干净整洁的人——文物和人也是相互影响、相互选择的。我和王老师都比较注重个人形象，都是很整洁的人。我和王老师这种师徒关系，跟大众所认知的“师徒”有很多不一样。王老师对我来说既如师如父，有时候还有点像兄长，像朋友。我和王老师到如今基本上无话不谈，不管是工作上还是生活上，有什么话我们都是开诚布公地去说去谈。很多时候王老师把我当成自己的孩子，

亓昊楠跑步前拉伸，摄于 2022 年

设身处地地为我考虑，还会主动为我争取一些荣誉。我们之间不只是传承古钟表修复技艺，也是一种人与人之间情感的传承，我觉得这一点是其他社会上的工作所不能比的，这种感情的交织和联系是非常不一样的，我亲身感受到了人与人之间的这种深厚情谊。几十年一晃，师父都退休了，我工作时间越长，对这份感情便愈加珍视。

钟表是从西方引进的，通过中西交融，最后在中国落地生根。最早的清宫钟表有英国钟表、法国钟表、瑞士钟表。这些钟表进入中国以后，皇帝设立了内务府养心殿造办处下属活计作的做钟处。做钟处主要调试、修复西洋钟表，后来也设计机械钟表，慢慢地，广州钟表还有苏州钟表也都发展成熟了起来。清乾隆后期和嘉庆时期，广东钟表其实已经做得非常完美了，从做工、表演功能、复杂性上来看在全世界都是名列前茅的。

最吸引我的是大型表演类钟表，我总是想把它们全部拆开，然后动手来修复，将损坏的钟表恢复到它百年前的样子，把它的表演功能完全恢复，这带给我一种成就感和征服感！故宫的古钟表有一千五百多件，每一件都不一样，都有自己的特点，数量很少，最多也只有一对。所以我修复的每一件钟表都是不同的，这些修复经历都是经验的积累。我希望在自己有限的工作时间中，能够多多修复钟表，把这些钟表都过一遍手，虽然这是难度极高的事情，但还是发自内心地想让它们在自己的手里重获新生。我也希望把这些钟表修复完以后，能让更多的人去感受它们的魅力，让更多的人更直观地看到这些钟表内部的复杂机械构造，感受它们设计的独特之处。

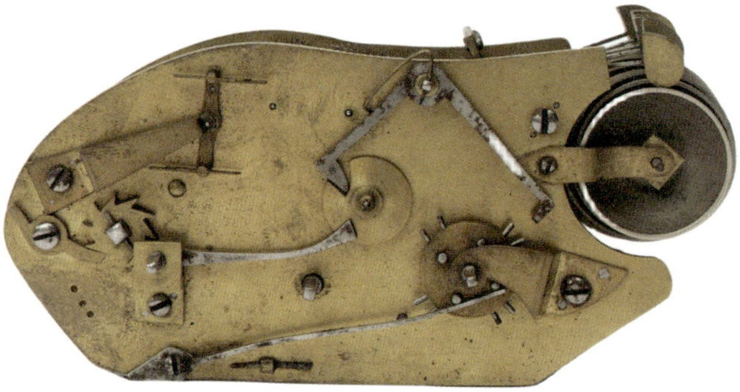

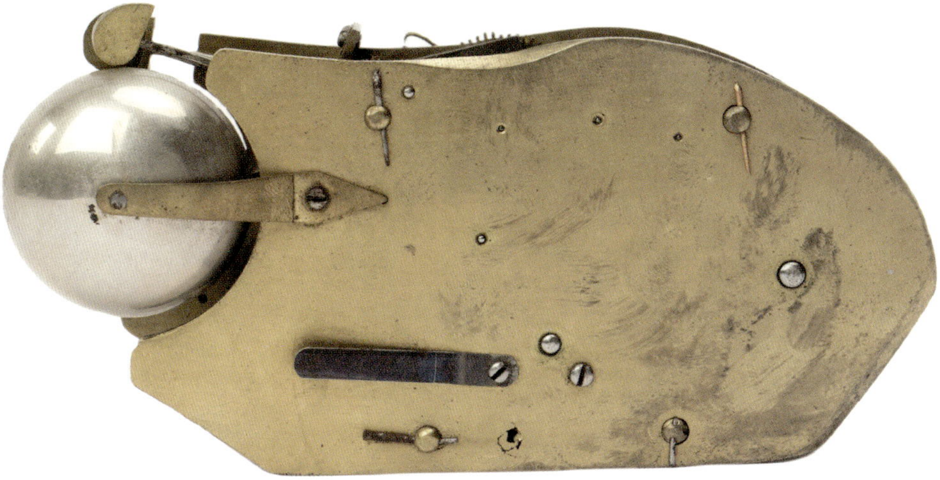

亓昊楠在工作室修复铜镀金仙鹤驮亭式表，摄于 2023 年

现在钟表馆还是以静态展示方式为主，但钟表最吸引我的是它由静到动的变化过程。过去，皇帝喜欢钟表也是把它当作大型表演玩具来看，并不只是作为计时工具来使用。所以，我认为钟表的复杂设计和表演功能才是最迷人的。

修复一件钟表，我们要思考它的设计者的思路是什么，他为什么要这样设计，这样设计能达到什么样的效果。这些问题只有在我拆开了看到机芯以后才能知道。看着一件钟表开台表演，我会提出对机械结构的猜想，形成自己的思路。但是打开以后，原始的设计可能比我想得更简单、更直接，更能解决问题。所以，修复的过程是一个与前人设计理念交流的过程。

以前的钟表修复师都愿意在钟表上面写上时间和自己的名字，那么，后人在修复过程中，也能够看到过去是谁修复过它。还可以通过零件来看出他们的修复手法及性格——有的人比较急躁，可能他把零件都修好了，但是细节比较粗糙，说明这个人性格比较粗犷；有的人补齿以后，又进行了抛光、打磨处理，那就说明这个修复师做事是比较认真细致的。

我还能判断出哪件钟表是皇帝喜欢的——肯定它被开动的次数较多，磨损就多，故障就会多。所以有的钟表，因为没有什么表演功能，仅仅就是走时的，很少被拿出来把玩和表演，就保存得非常好，几乎没有什么毛病；而那种大型表演钟表皇帝经常看，所以齿轮的损坏就很严重。

钟表是百年前的老物件，里面居然还有时光和我们开的玩笑：有一次，我们把一件年久失修的钟表打开，里面很脏。时间到了中午，我们就先放下手里的活儿，准备各自去吃饭、午休，忽然听到里面有东西在爬，是那种蠕动的声音，结果顺着声音把盖子打开后就看见了一只特别大的蜈蚣！它竟然是全身透明的，有点晶莹剔透的感觉，可能是因为长时间不见光导致的。

亓昊楠在工作室修复铜镀金仙鹤驮亭式表，摄于 2023 年

我认为作为一名古钟表修复师，首先要有锲而不舍的精神，做任何事做到了极致，它就会有特殊的意义。其次就是心要静，不浮躁，不被外界干扰，只有心静才能善于发现问题，钻研一些构造上的难题。最后还要不怕困难，遇到困难，要能找出解决之道。最关键的是要对文物有敬畏心。这些道理其实适用于各个行业，把心态摆正了，坚持下来，没有不成事的。钟表修复属于久坐不起的工作，长时间盯着细小的零件干活，腰和眼睛的负担非常大。随着年龄增长身体总会出现各种问题，我每天都抽时间去跑步，平时也会爬山、蹬自行车，让身体处于一个良好的状态。周末我会和家人出去转转，带孩子参加户外运动，营造一个和谐的家庭氛围，幸福感高一些，我的心态也会放松许多，让自己保持良好的状态迎接下一周的工作。

故宫的环境相对封闭，进入故宫以后交际圈也很小，好在我们部门当时年轻人活动比较多，最后我的个人问题就在本部门解决了。我们在一个部门，有共同语言，有共同的目标和追求，思想上也一直在一个水平线上。我们每天都能开开心心上班去，夫妻双双把家还。在故宫工作期间结婚生子，一晃也有 18 年了，慢慢地已经融入故宫，把故宫当家了。我们一直希望故宫好，希望文保科技部好，希望每个同事都好。

平时我会在一些自媒体平台上发布一些与文物或者故宫相关的内容，积累了一些粉丝。自媒体是一把双刃剑，它能够展现我们很多好的地方，但是稍有不慎，也可能会带来很坏的影响。我用社交媒体的初衷是让更多人能看到我们的工作状态，分享我们的修复成果，还有就是发一些故宫风景图片，展现故宫的美景，通过这些正面美好的事物让更多的人去感受故宫文化，让更多的人关注文物修复，让更多志同道合的朋友投入到我们的工作当中来，让这一切良性循环起来。

乙

攻金之工·铜器组

首山之采，肇自轩辕，源流远矣哉。九牧贡金，用襄禹鼎，从此火金功用日异而月新矣。夫金之生也，以土为母，及其成形而效用于世也，母模子肖，亦犹是焉。精粗巨细之间，但见钝者司舂，利者司垦，薄其身以媒合水火而百姓繁，虚其腹以振荡空灵而八音起。愿者肖仙梵之身，而尘凡有至象。巧者夺上清之魄，而海宇遍流泉，即屈指唱筹，岂能悉数！要之，人力不至于此。——《天工开物》明·宋应星

王有亮

王有亮，故宫博物院研究馆员，青铜器修复专家。1983 年至今就职于故宫博物院文保科技部，师从青铜器修复大家赵振茂先生，从事青铜器及金属文物的修复保护工作 40 余年，修复了多件青铜重器，2012 年被评为“青铜器修复及复制技艺”国家级非物质文化遗产代表性传承人。

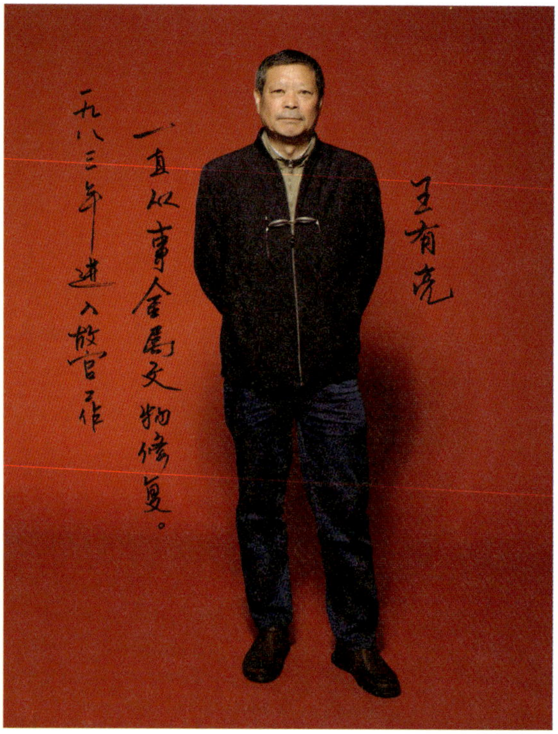
一九八三年进入故宫工作
一直从事金属文物修复。
王有亮

“我修文物的胆子是越来越小，对文物越来越敬畏。”

赵振茂与徒弟们，摄于 20 世纪 80 年代

王有亮与徒弟们，摄于 2022 年

铜器组部分成员合影，摄于 1985 年

1980 年国家文物局与鼓楼中学、二零五中学联合办了四个职高班，专门学习文物保护方面的知识，简称“文物班”。我那时候考大学自觉有点吃力，我就跟家里说想报这个职高班，当时家里还不太支持，说将来这文物班毕业了老得出去。他们认为我是学考古，说到时候还得挖坟墓，都觉得不太好。后来我三姐说既然你喜欢就报。当时我也以为学文物能到处走走，见见世面。想和我一起去念文物班的还有另外一个同学，当时他家里也不同意，我们俩就决定扔钢镚儿来抉择——我们两人拿个五分钱硬币往天上扔，要是落地五角星就报，要是背面就不报。结果扔出个五角星来，我就去报名了，但最后他还是没去报名……

我们班一共 36 个同学，三年的学习时间，我们把各个门类的文物都学了一些，当时教我们的老师都是行业精英——杨新、尚国强、杜乃松还有刘炳森都是我们的启蒙老师。不过当时年纪小，比较贪玩，学习也不是特别刻苦，但总的来说脑子里还是学进去了不少东西。第二年这个文物班就没再招生了，我们等于是“空前绝后”的一届学生。1983 年学校让我们毕业实习的时候，正好赶上故宫招人，要做一批青铜器的复制品，我就被老师安排去故宫了。说实话当时没觉得故宫有多好，因为工资比较低，而且我当时思想比较左倾，虽说学习了文物知识，但总觉着故宫里都是“四旧”，并不觉得去故宫修文物是个多高尚的职业。我们那批一起做复制品的一共 10 个年轻人。搞铸造很累的，天天要磨活，铜器铸造出来外面有一层很硬的氧化膜，要用手打磨出里面的新铜。一天要打磨出一件，我们当时也都不惜力，指纹都磨没了。这个磨活实际上就是练手，练好了手上有劲儿，都坚持下来了，师父再教如何做旧。当时的师父不会手把手教，就是大概讲一些初步的基础操作，主要是大师哥、二师哥教我。我第一件正经修复的文物是一件爵杯，要配一个足，细节需要用锉来磨，需要手劲儿大。当时做复制品就是为了熟悉工具，练手劲儿，培养手感。

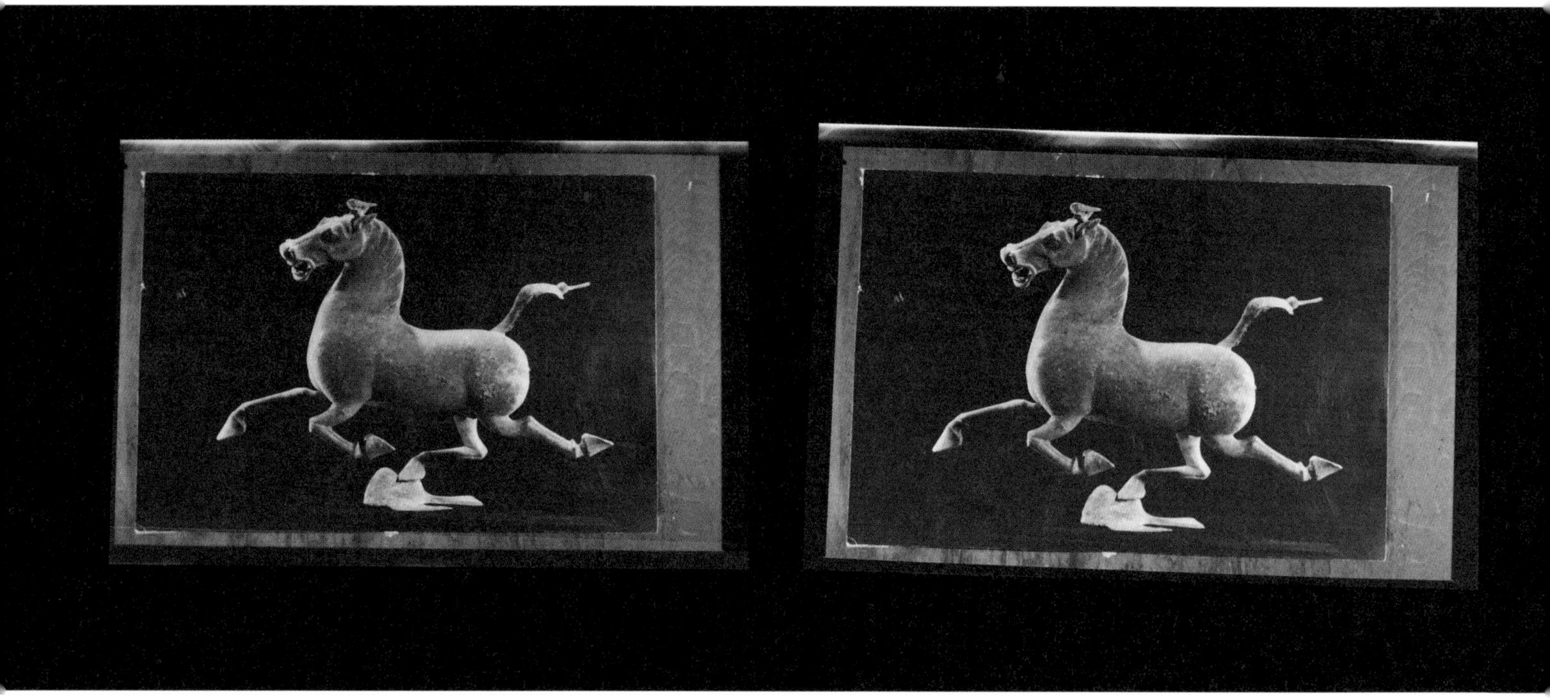

刚刚出土不久的马踏飞燕，马的嘴上还有残存的朱砂红色，翁乃强摄于 1970 年

我师父赵振茂先生可厉害了，他是“古铜张”铜器修复的传承人。“古铜张”铜器修复是有历史脉络的，最早可以追溯到清宫的一位太监“歪嘴于”，后来由宫里传到社会上。我师父 15 岁就在琉璃厂跟着“古铜张”派的张文普先生学习铜器修复，学满 8 年出徒，然后跟着师父干。我师父的手艺在张文普先生众徒弟中是出类拔萃的，20 世纪 50 年代故宫就聘请他来做铜器修复，他是故宫铜器修复工作的奠基人，经他手培训的学生遍布全国各地，这些学生之后都成了业务骨干。

后来被郭沫若先生命名为“马踏飞燕”的汉代青铜马就是我师父修复的，他那时还是国家文物鉴定委员会委员，享受高级别待遇——当时我们一个月工资才 31 块钱，我师父工资有 180 元！

我师父人很好，跟谁都和和气气的，但对我们徒弟比较严厉，干活儿的时候不许说话，后来随着年纪大了，人和蔼了很多，也会和我们开开玩笑、聊聊天，他松弛了我们也都没那么紧张了。师父是从旧社会走过来的，他学手艺时受了不少苦，到了博物馆有些观念转变不过来，担心“教会徒弟饿死师父”，有些闷锈的关键步骤老是关着门自己干，不让我们随便看。我大概学了我师父七八成的手艺吧，已经获益匪浅了。我师父当时做的复制品直到今天还在库房存放着呢，这么多年一点都没跑色，和原件色彩一模一样。

王有亮肖像，摄于 2020 年

高飞与师父王有亮合影，摄于 2020 年

虫胶漆，俗称漆皮儿，做旧上色用

我呢，刚来的时候不觉得修文物多好，但是干的时间长了，慢慢上手了，对文物的理解越来越深入，能体会其中的奥妙了，逐渐地就喜欢上自己的工作了。一件文物交到手里，自己能干好，就特别有成就感。

我年轻那会儿大家业余生活很丰富。都爱玩，也没有手机可看，工作之余我们夏天游泳，冬天滑冰。我和杨泽华还一起学过吉他，练了几首当时流行的曲子《我的中国心》《春夏秋冬》等。

我师父每天中午都喝一两五的白酒，后来徒弟们也都跟着学，但是不敢中午喝，下班了哥几个喝点。按照师父的说法，青铜器都是从古代墓葬出土的，多少对身体有点危害，喝点酒能促进血液循环，利于新陈代谢。而且过去修复青铜器用的是鎏金工艺，会接触到汞，确实对身体有害——故宫角楼上的金色装饰部分就是鎏金的，现在修复都是用镀金了，我们基本不接触汞了。

后来，师父和师哥们都退休了，我就接管铜器组了，也收了几个徒弟。如今这项事业越来越火。时代不同了，我和我师父教授风格完全不同，我就是会什么教什么。现在工作四十年了，我修文物的胆子是越来越小，对文物越来越敬畏，不像年轻的时候，掌握了一些技术就敢干。

现在的年轻人都可能干了，新的材料、工艺和修复理念都在不断进步，但是老的工艺他们还是要好好练，该会的技术还是要掌握好。我对铜器组的年轻人还是充满信心的，将来这个行业的发展也没问题。

高　飞

高飞，故宫博物院研究馆员，2001 年进入故宫博物院文保科技部工作，师从青铜器修复专家王有亮。主要工作和研究方向为金属文物的修复保护、复制。

“干的时间越长，我对这些文物越敬畏，面对不同时期的文物，越了解，越发现很多东西我还不懂。”

高飞在工作室修复海昏侯墓出土文物，摄于2020年

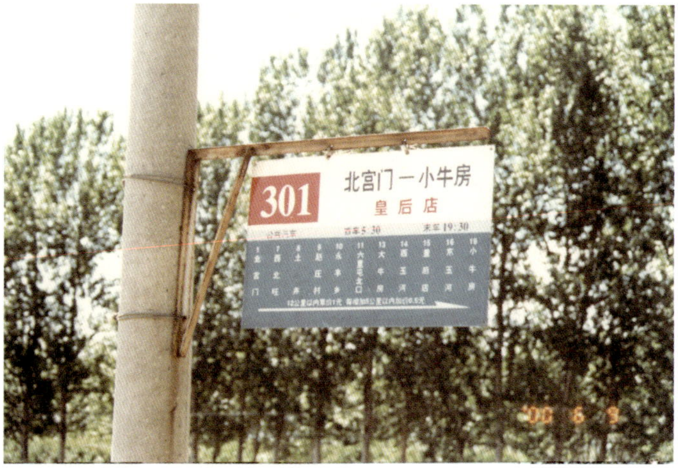
301
北宫门—小牛房
皇后店

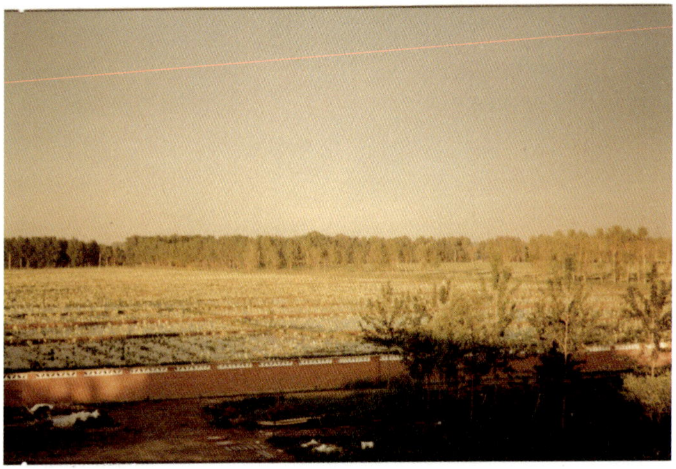

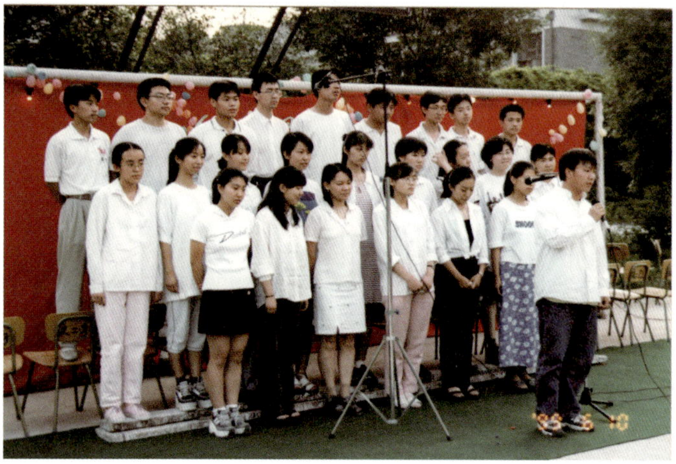

高飞的学生时代

我们金石铜器修复组要研究修复的对象包含所有金属材质的文物，组内最主要的业务是青铜器的修复。幸运的是，故宫里有很多特别珍贵和经典的文物，清代皇室就有不少青铜器藏品，其他博物馆可能就没有这么好的资源。干的时间越长，我对这些文物越敬畏，面对不同时期的文物，越了解，越发现很多东西我还不懂，无论是器物的制造工艺、材料还是历史信息，可深挖的知识太多了，从事这份工作能让人大开眼界。青铜器的设计、铸造凝结了当时最先进的生产技术，青铜器上的铭文所蕴含的历史信息极为丰富，许多先秦时期的历史都因青铜器的出土得到更充分的印证。青铜文明的出现对中华民族来说是有跨时代意义的，石器时代我们的先祖对玉和各类自然石材打磨、改造再加以利用，但终究没有改变物质的原本形态，但是青铜器的铸造改变了铜矿的物质形态，是更复杂更需要调动大量人力物力资源的更高维度生产活动，对于全人类来说是划时代的创造。

我大学学的是文物鉴赏与保护，临近毕业我在北京市文物局的博物馆实习，实习期满学校推荐我来故宫面试，整个过程比较顺利，面试结束后我在回家的公交车上就接到了劳资科的电话，通知我准备签三方协议。虽然我是文物鉴赏与保护专业毕业的，但实际上对文物修复并不十分了解，动手训练比较少，主要还是广泛的理论学习，我们的课程安排涉及面比较广泛，陶瓷、青铜器、书画各门类的文物都有涉及。

做旧所用颜料

去铜器组工作的过程还有点小插曲，当时我们五个新来的年轻人到科技部的老院报到，主任让我们去活动室那个院子里拔草，那边去的人比较少，一到夏天下几场雨，草长得就有半人高了。我们劳动结束，主任开始给我们分配科室，我被分到了钟表组。说实话当时我最喜欢古书画，我想去裱画室，我对书画的历史和绘画技法特别感兴趣。当时心里有点失落，但是领导安排好了，我还是得服从分配。回家路上我就一直在想这件事儿，古钟表修复到底是不是我热爱的事业，选择了一项事业可能就要干一辈子。我扪心自问，自己能不能干好，能不能有热情地奉献到这项工作里头。思前想后，我觉得不行，我对机械并不感兴趣，不喜欢组装机械结构这类工作。于是第二天我下定决心，硬着头皮找李华元主任说明自己的想法，李主任半开玩笑地跟我说："没见过有新来的年轻人分配完了不同意，还要找我换的，你这个情况有点特殊呀。"当时我心里特别紧张，但是既然提出要求了，就不能顾忌那么多了："我可能不适合，没热情，以后也很难干好，对部门工作也是一种伤害。"我这个人就是性格比较直接，也很敢说。李主任也挺认真负责任的，看我把话说到这份上了，就让我等一等，主任之间开个会商量一下。最后商量的结果是书画组我是去不了的，因为我个子太矮，装裱的画都要上墙，男生得有一定身高才行。折中一下，让我去铜器组。然后李主任就把我带到铜器组去见师父。这是一件特别严肃的事儿，当时李主任在边上站着，跟师父说："他叫高飞，以后就在铜器组了，交给你带，以后他就是你徒弟了。"

篮球场上的高飞，摄于 2023 年

我师父给人的第一印象是沉默寡言，但实际上他是个很幽默的人，刚开始不太熟的时候，说话不多，熟了以后很喜欢开玩笑。他是那种冷幽默型的，有时候半天不说话，但说一句话让你乐半天。师父教我的时候，很少长篇大段地讲理论，他就是带着我干，所有的理论和经验都是在干活当中渗透给我，让我自己去看，然后在实践中理解，发现问题再去问他，因为都是工作中很具体的需求，所以这些问题特别准确，他简单一说，我基本就明白了。平时生活中我们感情也很好，师父很护着我，对我也很关心。刚上班那会儿我还没结婚，在单位附近租房住，有一次我得了肠胃炎，发低烧好几天没去上班，师父不放心我，下班了还过来看我，给我带点好消化的吃的。

刚进铜器组第一个任务就是“磨活儿”，也叫磨性子。师父说：“咱们来了都得干这个，你搬一小板凳，在门口先磨两件。”我记得特别清楚，一把青铜剑磨了快两个月。现在新来的年轻人让用电动工具，我们那会儿都不让用，只能拿锉和砂纸磨。当时正是夏天挺热的时候，每天都弄一身汗，满身的铜锈味。其实这项工作就是打磨心性，帮助年轻人进入工作状态，熟悉工具，培养手感。同时让师父看看适不适合干这个，算是对新人的第一次考验。

学青铜器修复，都是先从复制开始的。这是一个了解青铜器制造全过程的最好方法，每个步骤亲身体验过才能真正有感性认识。传统的青铜复制最考验个人手艺的是做旧，尤其是对锈蚀的仿造，行话叫“做色”。通常拿到文物直观一看，这件文物是绿的，那件文物是蓝的，但实际上它的颜色和锈蚀特别丰富，有各种各样的变化在里面。我们得展开来分析，比如说红锈，红色中可能有发紫的部分，有蓝色的倾向；绿锈的变化就更多了，有浅绿，有土绿。因为是出土文物，很多文物上还有那种土沁在锈蚀里的质感，其层次变化是很丰富的。做旧最忌讳把锈做成一个平面，糊在一起。刚来那会儿做色的时候，师父总跟我说加点黄加点白。当时老是不理解，我既看不出来黄也看不出来白，但是我师父就能看得出来。前两天教于燕的时候还说呢，“当时你师爷为什么说加点黄加点白，实际上就是你调的颜色深了，就是比你真正要调的颜色深了，或者是颜色太单一了，上色以后就显得特别不和谐，有点跳。但是你加一点黄色和白色，实际上颜色变淡了，相当于把之前的颜色给它破开一点，然后让它看着整体和谐一点，不会看着那么愣。”很多事儿，后来一边干一边琢磨，才能理解得更深刻。

杵臼

铜器组的老收音机

弓钻

我师爷赵振茂先生是国内外首屈一指的青铜器修复与复制大家，水平极高，很严肃不太开玩笑。据说师爷做修复每次到了闷锈的关键步骤就会想办法把徒弟们支开，自己在小黑屋里弄。那个时代的老手艺人，是从旧社会过来的，有一种“教会徒弟饿死师傅”的危机意识，担心徒弟超过自己砸了自己的饭碗。实际上博物馆系统是不存在这种情况的，后来思想意识上有了转变也教了徒弟们好多真本事。我师父算是跟师爷学得最多的徒弟，应该掌握了师爷八成的水平，现在师父教我们都是知无不言的。这些年科技不断发展，好多新材料和新方法运用得也越来越多，我们经常在一块儿琢磨怎么能把文物修得更好。比如一些残片出现了严重的矿化，无法采用传统方法焊接，我们就用新型黏结材料，能够最大程度保护文物。

我们组的老师傅们普遍都爱喝点白酒，这是从我师爷开始传下来的。因为传统的青铜器修复中需要用到水银，水银是有毒物质，长期接触对身体有较大危害，老一辈认为喝点白酒能帮助排毒，所以久而久之工作之余就喜欢喝两口。随着修复理念和技术的不断进步，水银现在很少会用到了。我平时很少喝酒，有时候不开车会陪着师父喝点，图个开心热闹。

我平时喜欢打篮球，球技不能说多好，整体水平还凑合，能融入大家一起放松一下，自己也比较享受这种运动和对抗的感觉。我的性格比较直，喜欢和别人不一样，比如上学那会儿全校开会，偶尔会有发言提意见的机会，明明大家都有意见要提，可是同学们都不说，这个时候我就会主动站出来发言。后来上班了也是一样，我就觉得这样是对的，很酷。现在年纪渐长，青铜器太有意思了，精力主要放在修复和研究上了，现在遇到什么事一般也不太想发言了。

丙 木曰曲直·木器组

古人制几榻，虽长短广狭不齐，置之斋室，必古雅可爱，又坐卧依凭，无不便适。燕衎之暇，以之展经史，阅书画，陈鼎彝，罗肴核，施枕簟，何施不可。今人制作，徒取雕绘文饰，以悦俗眼，而古制荡然，令人慨叹实深。

——《长物志》明·文震亨

史连仓

史连仓，1957 年 7 月生于北京，故宫博物院木器文物修复专家，副研究馆员。1977 年参加工作，1980 年进入故宫博物院文保科技部综合工艺科，师承史建春，一直从事院藏明清家具及各类木器文物的修复、复制和研究工作，至今已四十余年。

“木器文物大多都是具有悠久历史的家具，但也还是家具。”

史连仓在工作室，摄于 2023 年

史连仓父亲史建春（二排右一）故宫旧照，摄于 1966 年

老式故宫工作证

我父亲和他的师父早年间是经营木工作坊的。当年他们的手艺在北京特别有名气，所以故宫修复厂刚刚成立的时候就特聘他们来做木器文物的修复工作。那会儿，我父亲被派到五七干校劳动，我哥哥他们已经工作了就没跟着去。干校在湖北，比较热，我母亲很怕热，一到夏天就起痱子。我们老家在北京昌平小汤山一带，我年纪还小，于是就跟着我母亲去乡下老家生活了。所以我和我父亲分开了好多年。

1980 年落实政策，我父亲回到北京，我和母亲也返回北京城里，我在家待业了几个月，一直没找到工作。以前故宫博物院有“接班”的政策，我父亲那时候也快到退休年龄了，于是我就来到故宫修复厂工作——我从 3 岁起就跟着我父亲在故宫玩，对故宫非常熟悉，很幸运能子承父业，我也在故宫修文物了！

来故宫工作之前，我有一些木工的基础。以前在家我跟着父亲做过一些日常的家具，主要是给他搭把手帮帮忙，慢慢地也能学到一点儿东西，后来在农村大队干活儿的时候也做过不少木工活。刚进故宫的时候，我和父亲有过一段一起工作的时间，他在单位就是我师父。父亲在单位和在家没什么区别，总是很严肃，不怎么说话，很少开玩笑。

我刚来的时候第一个活儿是给工作室打隔断，把放机器、机床的那部分空间给隔开，减少工作噪声。第一件上手的文物是和父亲一起修一件清代的木床，给床配腿、补缺，按照原来的样式图案雕刻再给配上。在我的印象里，父亲的手艺是在我之上的。有一次我修一个砚台盒，盒是整木的，要锯开，然后中间掏空，掏空部分是随形的，要和砚台对上。这个盒子坏了，我得再配一个，木头是硬木材质的，里面随形的部分我老是掏不好，我父亲把砚台拿过来，把刮刀的刀片蘸点水，刮几下就合适了。

史连仓工作照，2021 年

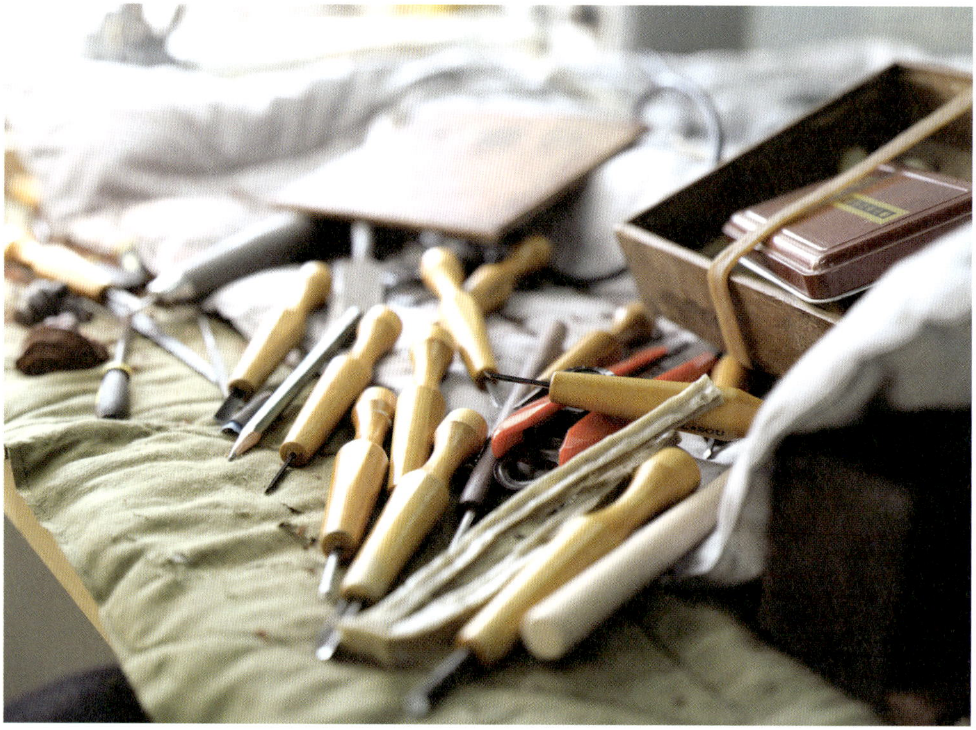

工作室桌面

木器文物大多都是具有悠久历史的家具，但也还是家具。所以在我看来和一般的木工活儿原理是一样的，其区别在于修文物的工艺更复杂，雕刻更精细，用料也更为名贵。文物大多是纯粹榫卯结构的，它很巧妙，琢磨这些构造挺有意思的。修文物得坐得住，但碰到不好处理的部分，一时解决不了，我就先撂下不干了，出去转转，换一下脑子再回来接着弄。木器文物有很强的实用性，很多都曾被前人修复过，比如一把椅子散了或者哪个牙子掉了、榫头折了就没有照原样进行修复——清朝后期的师傅也用胶粘上或者拿钉子钉上。看到这些我也觉得挺有意思的。

我家住得离单位很近，就在故宫边上，走路 10 分钟就到神武门了。我平时也没什么爱好，唯一算是爱好的就是钓鱼。故宫周边的这条筒子河原来归中山公园管理，他们每年五一、十一期间撒两次鱼苗，鱼很多，当时好多人就在筒子河边上钓鱼，我也会去。其实中山公园是不让钓鱼的，公园管理处的人时常骑车过来转，他们一来我们就全跑了！有时候下了班会和年纪差不多的同事一起喝点酒，比如铜器组的王有亮、吕团结。

史连仓与徒弟谢杨帆合影，摄于 2020 年

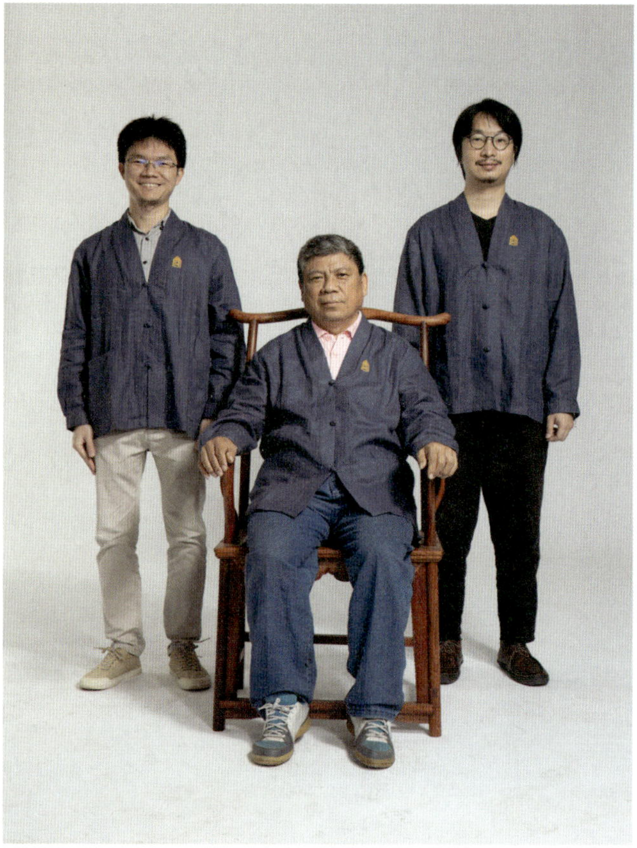

史连仓与徒弟谢杨帆、黄齐成合影，摄于 2021 年

回顾这些年，我修了不少文物，修的速度也很快，很多文物都没什么印象了。那时候保管部门把文物送来，我们领了活儿，拿来就修，修完就上交，很少做记录，没留下什么资料。不像现在，文物来了要详细填表记录、拍照、检测、画病害图，最后还要写修复报告。虽然程序烦琐了，但确实更规范了，这些事都交给徒弟干。

我的徒弟都是高学历——美院雕塑专业毕业的，他们的雕刻水平很高，不过他们的木工手头功夫还是比较欠缺的，毕竟不是木工出身，有些修复思路也和我不一样。最终经过一段时间的磨炼，他们也都能比较好地完成任务。现在具体的修复工作都是徒弟们干，我主要负责监督，遇到难度比较高、弄不了的，我再动手教教他们，基本上引导一下就行了。现在的年轻一辈很聪明，就是经验不够，干活、动手的能力有欠缺。修木器文物没什么窍门，书本上也不会教得那么细，主要靠日积月累当中慢慢总结的经验。希望他们早点成长起来，把我们这个班好好接下来，把文物修复事业继承好——虽然有点像场面话，但这确实是我的真实想法。

史连仓休息时会在筒子河边散步，回想十几年前在这里钓鱼的往事

2020 年皇极殿铜壶滴漏修缮

王振英

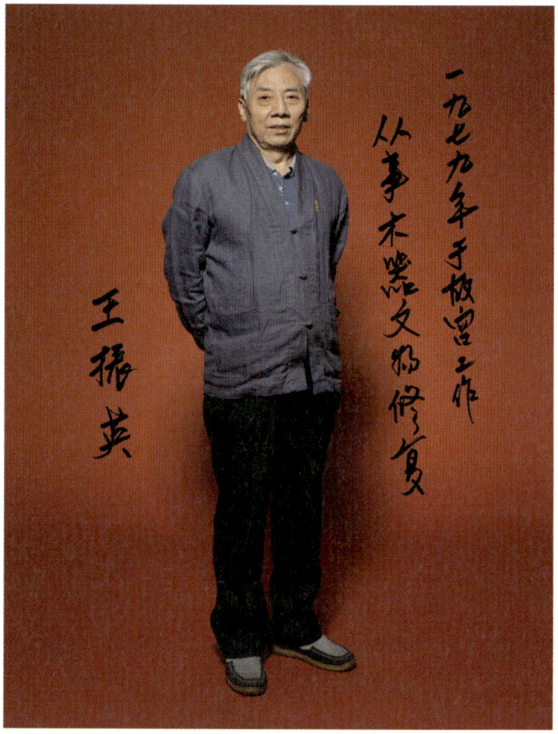
一九七九年于故宫工作
从事木器文物修复
王振英

王振英，故宫博物院副研究馆员，1955 年 1 月出生于河北冀州西王乡，1979 年 12 月进入故宫博物院，跟随父亲王庆华学习宫廷传统木器大家具的修复技艺。2015 年 1 月退休，在故宫工作 43 年，一直从事院藏明清家具的修复保护工作。

“要把修复工作者的匠人精神世世代代流传下去。”

ZJHFZ

双刃斧

王振英肖像，摄于 2019 年

我是家里最小的孩子，24 岁来故宫博物院工作。那时的文保科技部叫文物修复厂，我父亲在里面负责木器大家具的修复。我们这里修复的分工很明确，我父亲 14 岁做学徒，学的就是大家具这行。

我从小和父亲在一起生活的时间很少，跟父亲聊天也少——说实话，从小没和父亲一起生活过，他只是每年春节回家住上几天就又返回北京工作去了。所以我来到故宫见到我父亲，还是比较拘束的。我们既是父子，又是师徒——我父亲有两个徒弟，我是其中一个，也是最后一个。

一开始，父亲先让我练习刨木板，木板是制作囊匣裁纸用的，八九十公分的厚度，上面全是刀痕，有时候还有刀片嵌在里面，每次都能刨出好几簸箕的刨花来。后面父亲干活，让我在一旁看，等到看明白了就自己干，然后拿着“成果”给他看，他却并不说问题出在哪，只是说：“你自己再看看……”几番干下来如果我还是没有发现问题出在哪里，他才会指出，让我自己改。我觉得他带我的方式就和他自己做学徒那会儿一样，师父不会和徒弟说太多话，迫使徒弟自己思考，主动去发现和解决问题。这样能加深记忆，技艺掌握得更牢固，使徒弟能够尽快独立工作。

我一直在故宫的宿舍里，这一住就是 15 年，我在那里度过了整个 20 世纪 80 年代。我住的宿舍叫“13 排”，在故宫东北方向靠城墙根一带，其实就是 13 个小院子，每个院子都不大，一间南房，一间北房。我和父亲住在第 5 院儿的一间小屋里。我记得院里有棵丁香树，春天开白花，还有淡淡的香味——不是所有院子里都有花的。到了晚上，故宫里漆黑一片，没有灯火，也听不到大街上的喧闹声，特别安静。

有个老乡在故宫里面的派出所工作，我每天的娱乐活动就是吃完饭去他们派出所看电视，下下棋。总吃食堂也没意思，我们一到周末就去打煤油，回来烧煤油炉子自己做饭吃。一次打五斤煤油，能用一个礼拜，到了周末再去打下周用的。 后来我结婚了，把我爱人和孩子也接过来了，三代同堂。当时我儿子就在故宫附近的北池子小学上学，周末我就带他出去玩。这地方是真正的市中心，去哪儿玩都方便，离景山和北海都没多远。我还记得我儿子当时最爱吃东华门外一家包子铺的包子，猪肉大葱馅的。包子铺的老板留着络腮胡子，我儿子叫他大胡子叔叔。他做好了包子用车推出来卖，包子放在竹子编的笸箩里，上边盖着白棉被，一掀开棉被热腾腾的，看着就香。孩子长到十二岁那年我们就搬出去了。

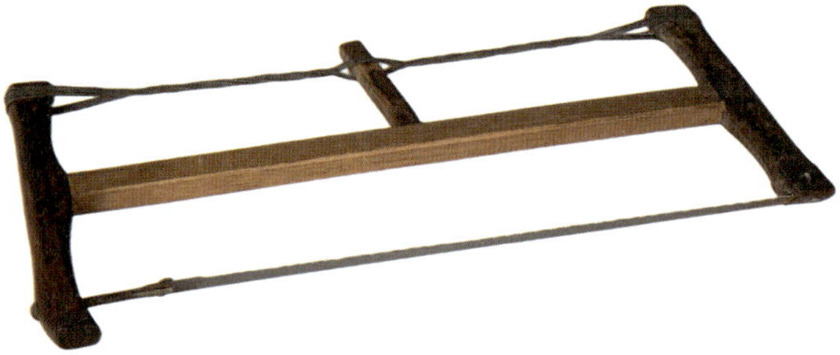

文物修复，摄于 2023 年

与徒弟李月一边吃午饭，一边聊工作

我儿子的整个童年都是在故宫里度过的。虽然他每天看着我们修家具，但最后他还是没有从事这一行，这让我觉得非常遗憾。不过好在他选择了自己喜欢的工作，我希望不管他做什么，一定要爱一行干一行，只要他工作得开心就好。现在故宫里老一辈的后人，没有再通过接班的方式进入故宫工作的了，我觉得这对故宫和文保事业都是件好事。现在进来的年轻人学历都很高，我收的两个徒弟都是研究生毕业，都有很好的美术基础，动手能力也比较强，有知识，有文化，又聪明。这些年轻人的加入为文保工作注入了新的活力，对我们老一辈人来说也后继有人了。现在除了日常的工作，多数时间都在指导他们练习修复木质文物，从辨别宫廷明清家具所使用的木料开始，到亲自制作各种型号的刨子、裁口、单线、锯等多种工具，从最基本的锯直线刨平面到讲授比较复杂的榫卯结构，我都想倾囊相授。和父亲当初教我的方式不同，我更喜欢直接指出徒弟的问题所在，边做边改，手把手地教他们。我觉得这样一方面可以让他们尽快学会这些基本的修复技艺，另一方面也可以减轻年轻人的压力，让他们轻轻松松地工作、学习。

我不太担心徒弟们会因为我直接指出问题而缺乏独立思考的能力，他们不缺这方面的能力，我更愿意把自己这么多年的经验全都告诉他们，和他们一起讨论、研究。工作闲暇之余和他们聊聊天，了解一下现在年轻人的想法，让我感觉自己也年轻了。虽然有徒弟们干活，我还是喜欢亲自动手。修了一辈子的家具，要是手里没活还真是觉得怪难受的。即便手头没有修复的工作，我也愿意找一些身边的小东西来修。比如最近刚刚给用了多年的水果刀重新用木头做了新的刀把，徒弟们说比新的还好使。

在故宫工作的这么多年，虽然平平淡淡，但是我觉得每修好一件文物都有一种成就感。有时也会提心吊胆，文物不能再生，生怕一不小心文物就会有什么损伤，对我们来说责任重大。干我们这一行，讲究“胆大心细苦收拾”。胆子太小上不得手，但是过程中也是如履薄冰，要三思而后行。修复就是个费力不讨好的苦差事，修旧如旧，我们的工作就是让人“看不出来”，看出来就出问题了。虽然工作平凡，但意义非凡，关键要有一颗平常心，也要耐得住寂寞。修复融汇在日常工作的点点滴滴，不是说出来的，是一件一件文物修出来的。我希望通过自己的一份力量，不仅让老祖宗留下来的宝贝延年益寿，而且把修复的技艺传承下去，把修复工作者的匠人精神世世代代流传下去。

屈　峰

屈峰，出生于 1978 年，美术学博士，2006 年进入故宫从事木器文物保护修复工作，故宫博物院研究馆员，文保科技部副主任，中央美术学院硕士生导师，北京美术家协会雕塑艺委会委员，中国城市雕塑家协会理事。

“文物修复和保护的目的是保存文物所承载的文化信息。”

建福宫文物烫蜡，摄于 2018 年

《十字街头》这个作品的底座是三个师傅一起帮我做的，还帮我安装，当时真的还挺感动的，结果没想到不但入选了全国美展，还获奖了

2006 年我从中央美术学院雕塑系研究生毕业，毕业以后就想留在北京。当时搞艺术的人普遍有一个想法，就是不能离开北京。因为离开北京可能面临着自己的艺术圈子就断了，就很难再搞专业。如果我回老家，比如去学校当老师，这一生可能就与主流艺术创作没什么缘分了，所以那时候我就想着在北京找一个落脚点，有一个能够解决生存问题的方式，然后继续坚持做自己的专业创作。所以在 2006 年临近毕业的时候，我就到处求职，我的理想目标是做高校老师，但是因为一些专业能力以外的原因没能如愿进入高校。我还拿着简历主动找到了北京市园林局，一敲门进去人家问我干什么的，我就介绍自己是雕塑系毕业的大学生，想找工作，人家说我们园林局要你学雕塑的干什么。当时园林局在北京动物园内，他看我挺可怜的，就让我免费逛逛动物园。

有一次吃饭的时候我碰到了孔艳菊，那个时候她已经在故宫工作了，她说故宫需要学雕塑的人，我就托她帮我投一份简历，于是经过考试、面试我就到木器组学习修文物了。我的师父是郭文通，他是当时综合工艺组的副组长，主管木器，我给他敬了一杯茶就算确立师徒关系了。第二天师父就教我曲线锯怎么用，给我找了一个图案，让我按照图案做，练习曲线锯的使用。我练雕刻倒是还行，曲线锯以前没用过，我就不停地练了一个半月，就这么开始了文物修复工作。我上学的时候喜欢做木雕，以前听说过很多特别名贵的木材，比如紫檀、黄花梨什么的，来了故宫才发现到处都是。有一天我在院子里转悠，就在一个角落里捡了一小块儿木头，我拿起来给刘师傅看，“您看这个是不是金丝楠木？”刘师傅看了一眼，就给扔一边儿了。“这在咱这儿不算啥！”我当时都惊呆了，我的天！太牛了！金丝楠木都不算啥！

刚来的时候，我的创作欲望还是非常强的，每天中午休息的时候，我就在院子里做木雕，因为在那种情况下只能做木雕，别的材料没有，我也不可能带其他材料进来。当时的文保科技部是一个木料厂——专门给故宫古建筑修缮准备的木料有不少，也有很多废弃的料头，我就把这些料头都捡回去，打磨出来，做一些木雕。我没来的时候，每天中午师傅们都能安静地午睡。自从我来了，每天中午我在院子里干活，师傅们都睡不着，一个个都坐起来在那儿看报纸，我把他们气得够呛。从 2006 年到 2009 年，我前前后后做了大概 30 多件木雕，后来选了一批大小差不多的做了一个群雕，起名叫《十字街头》，入选了那一年的全国美展。

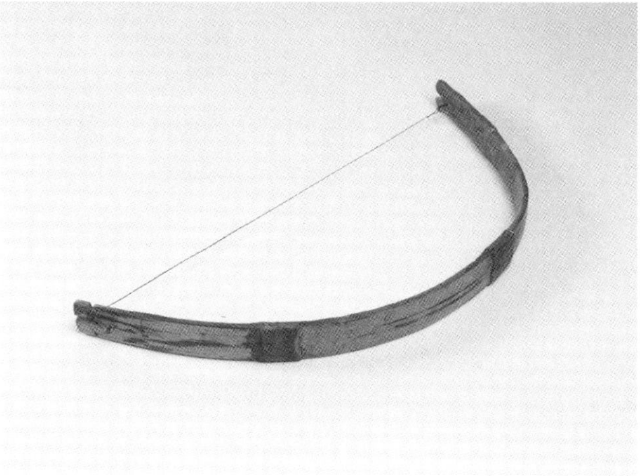
曲线锯

屈峰肖像

获奖以后这个作品被中国美术馆收藏了，还给了我 6 万块钱奖金。我赶紧请师傅们好好地下一顿馆子，从那以后师傅们就更支持我搞创作了。但是那时候领导管得严，上班时间是不允许做的，必须用休息时间。我记得有一次快下班的时候，我刚拿起来开始雕刻，领导进来了！把我给吓得，一着急，不知道该藏哪里，我赶紧朝怀里一扔，坐到前面工作台前挡着，结果没扔好直接砸到自己脚上。唉呦！我就还得忍着疼，装着没事一样，特别好玩！

说实话工作之初我是有一些失望的，觉得就是一帮人在一个老房子里头每天在干活——无非就是桌子坏了修桌子，椅子坏了修椅子，有一点像修理工，跟修复不是很沾边。我想着待一段时间就走，不是很想干了，后来随着工作的不断深入，我开始对文物修复产生了自己的想法。

我是美术专业的，所以当初对那些明清家具实际上是不太认可的，内心有点看不上，说白了觉得都是工艺品，那些家具上的雕刻怎么说都属于民间工艺的范畴，缺少艺术性。因为工作需要，我还是会补配一些雕刻件。后来修的文物多了，我发现木器文物并没有我想象的那么简单，它们确实是工艺品，但工艺也有高低之分——有艺术性不足的文物，也有艺术性很强的文物。我开始思考，我们中国的传统艺术和民间美术之间有什么联系？比如一些中国画名家的线条使用方式和民间美术工艺品的一些呈现方式是一致的，审美性是一致的，它的审美特质也是一致的。这时候我就觉得明清家具有点意思，我开始从工艺处入手研究文物，我发现工匠和工匠的感受力是不一样的。有些工匠确实就是工匠，做出来的东西规规矩矩，没有鲜活性，看哪好像都没啥问题，但是感觉仅仅就是一个图案。但有些工匠就不一样，他虽然也雕刻了同样的图案，但是他对线条的刻画，包括每一个局部的刻画，都是富有生命力的，有一种贯穿在里边的气息和力量！

宁寿宫检修工作

木器组部分人员合影，
摄于 2015 年

我当初选择雕塑专业，就是因为喜欢，虽然现在工作比较忙，进行艺术创作可能很费时间，但是对专业的坚持是很难放弃的。有时候我就开玩笑说，我现在都快成一个雕塑业余爱好者了。

刚开始来故宫的时候觉得修复和创作关联不大，但是工作了这么多年，现在越来越觉得其实文物修复对我来说是创作的源泉。到了 2008 年，我也工作了几年，依然放弃不了艺术梦想，所以我决定考博，看能不能在专业上有新的机遇。博士毕业的时候，我想过换一份能够充分进行艺术创作的工作，但是中途发生了很多事情，没走成，这也让我体会到社会的复杂性，好多事情是不能按照我的意愿去发展的。

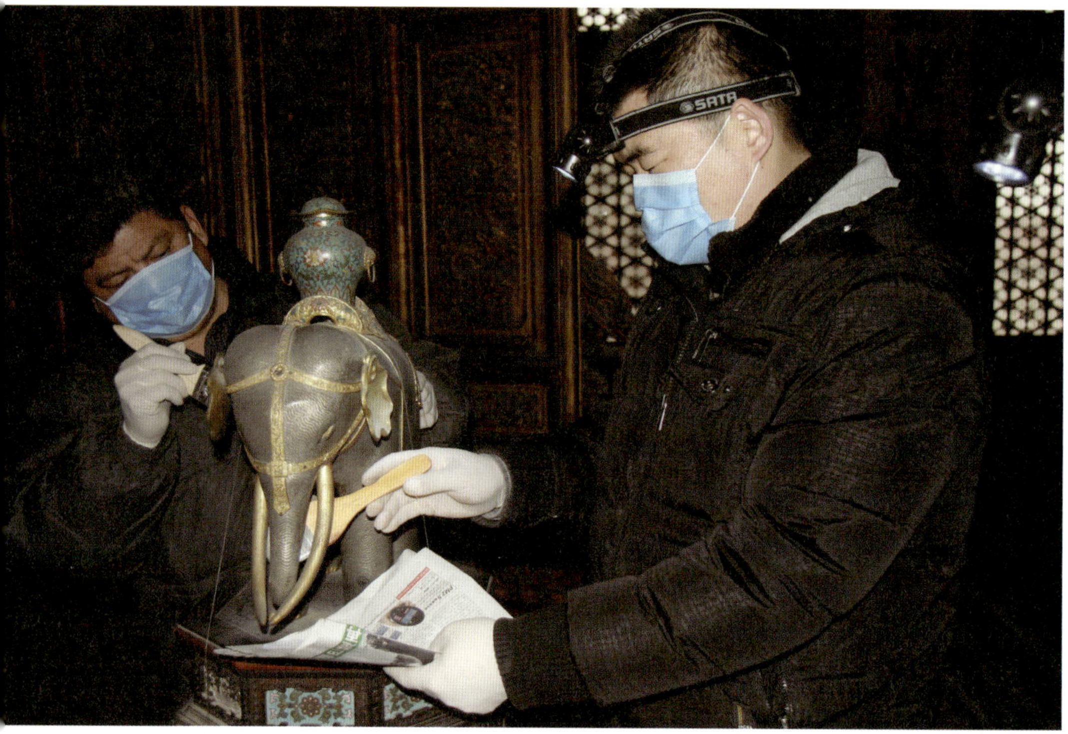

养心殿除尘工作

2010 年，部门主任换成了苗建民。因为当时面临着上届的科组长有不少要退休的问题，所以提拔了一批年轻人来当科组长，苗主任让我来接管木器组。2012 年，单霁翔院长来了，之后故宫有了一些新的变化，其中一方面是增强文保科技部抢救性修复的力量，与东城区具备修复能力的一些非遗企业建立非遗项目合作。非遗企业就是做传统工艺的企业，他们在技术上有保证，我们来培训企业里的师傅如何做修复，教他们文物保护的理念，然后我们共同来进行抢救性修复和保护性修复。木器文物就是其中之一。最初木器这一块的整个修复方案都是我写的，合作效果不错。木器、漆器、金属三个类型的文物先搞合作，我们木器这边合作的非遗企业是最多的，到 2013 年的时候，木器合作的非遗企业就已经达到了 4 家。寿康宫整个的内沿装饰修复和复制就是合作期间共同完成的。

这些年，文物修得多了，我一直思考一个问题——对于文物修复概念的理解。

实际上这是一个非常尖锐的问题。从过去到今天，很多人在修文物，都号称自己修文物多厉害，但是我觉得这里有两个很大的误区：一个就是长期以来，大家认为修文物就要修得让人看不出来哪里修过，以此来证明自己技艺高超；另一个就是要把文物修得完美，修完以后，文物要能够接着用。

对这两种修复理念我一直在思考，我认为这是过去的文玩铺子里的修复理念，这不是“修复”，而是“修理”。比如说你家的椅子坏了，我把它修好，让它能接着用，或者是能卖出更好的价钱。这样的修复理念实际上跟文物修复这件事是相违背的。后来在史宁昌主任的支持下，我设计了文物保护修复的“病例”，后来经过多次调整，最终落实为现在的文物修复档案模板。一开始很多人也不理解，觉得写修复档案特别麻烦，不就干个活吗，写那么多文字干什么！其实写修复档案的目的，就是要把过去的修复工作从“修理”上拉回到“修复”层面——这里边有一个最大的区别，就是文物保护和修复的目标是对文物物质载体所承载的文化信息的保护。

木桌修补局部

明正德斗彩几何纹水仙洗

第一，文物修复行里面有一个原则叫“最小干预”，在某种程度上讲，这是一句空话，因为我们难以对“最小”做出界定，这个原则实际上没有任何约束性。第二，有一句看似有道理的话，叫作“修旧如旧”，这在逻辑上同样是一句空话。什么叫“旧”？针对时间概念来说，是一个事物从过去发展到今天所呈现的这种状态，就是说它老化了，这个状态叫“旧”，还是说这个东西在过去某个时间段所呈现的那个面貌叫“旧”。如果说一个东西从过去的时间段发展到今天，它老化到今天这个程度叫“旧”的话，为什么要修它？它本身就是旧的。如果说你要把文物恢复成它在某个时间段的状态，比如说一件文物是清乾隆时期造出来的，要把它恢复到最初的那个样子的话，那它就不“旧”了，它呈现的是一种新的面貌。所以这个“旧”也没法定义。

综上所述，我觉得上述两个原则都是空泛的。那我们工作的时候，应该依据什么原则呢？在木器组工作的时候，我们就在讨论这件事情，假如说我们认同文物修复和保护的目的是保存文物所承载的文化信息，那么我们在修的时候，首先就要让修的这部分和它以前的那部分在文化信息的承载上具有一致性。如果承载的文化信息不一致，修它干吗？

文化信息指的是什么呢？按咱们国家的文物保护法可以界定为三方面：一方面是文物所承载的历史信息，比如说一件文物代表了历史上某一重要的时刻，或者某一位重要的历史人物在它上面留下了一笔，或者在上面刻了一下；第二方面是文物所呈现的工艺价值，也就是研究当时的工艺技法，凸显工艺价值、科技价值；第三方面是文物所体现的一个历史时期所具有的审美、时尚趋势，也就是审美价值，一些文物往往还有一种更高层面上的精神价值。比如说一件祭祀品，它就不是简单的工艺品，而是一个高度概括的象征物。这三方面的文化信息都是承载于一个具体的物质上的。

我们修一件文物，首先要把它研究透，要在研究的基础上修。其次，对于文物本体已有的伤况，要防止进一步恶化，解决文物重要的结构性问题，我们要尽量延缓文物这个物质消散的过程，起到保护文物的作用。所以，修复的第一个前提是保护，然后在保护的基础之上解决修补的问题。比如说一张桌子的一个角缺一块，但结构上不受影响，继续保留下来没问题。那我们为什么还要修？我们要呈现出文物完整的艺术价值，所以才补了这一块。这时要考虑的问题就是补上去的这一块跟文物原本所承载的文化信息是不是一致，我们还要最大限度地还原过去的工艺，还原本来的材料，尽可能让其复原。

但是有些文物是很难在工艺和材料上完全复原的，比如陶瓷、青铜器，但如果不去修补，文物本身的审美特征就无法展现。在这种情况下，我们可以降低一个维度来修，既不影响观众欣赏文物，又要做到修复处可识别，做到可逆修复，不影响文物本体，这样也没有违背保护的原则。

另外，还有一个工艺的选择问题。今天的科技虽然发达，一件文物有缺失，还得手工去做，这就是原工艺原则。我修补了这一块缺失，这个工作体现的是人与这个材料的关系，理解了这个工艺在这个物质材料上的感觉。如果用三维扫描、3D 打印来做，这个补配件可能比人工做的那个更精确，但它的精确性恰恰使这个文物失去了特征。通俗地说就是文物上没有人味，没有温度。我所主张的这个理念，还是建议年轻人要把传统木工技术练好，要能做好木工活。因为很多工艺、很多技术如果没有亲自去体验，就不会知道里面的精髓，就体会不到文物的那部分技术价值。

天心佑夫一德永言

建極綏

以手托心

·

古书画修护组

前代书画，传历至今，未有不残脱者。苟欲改装，如病笃延医。医善，则随手而起，医不善，则随剂而毙。所谓『不药当中医』，不遇良工，宁存故物。磋乎！上品名迹，视之匪轻，邦家用以华国，艺士尊之为师。师犹父也，为人子者，不可不知医，宝书画者，不可不究装潢。

——《装潢志》明·周嘉胄

徐建华

徐建华，1951 年出生，1974 年空军服役五年后转业回北京，分配到故宫博物院工作。故宫博物院古书画修复专家，国家级非物质文化遗产传承人。曾参与修复《清明上河图》《虢国夫人游春图》《五牛图》等国家级古代传世名作画卷，被称为“故宫画医”，从事古字画修复工作将近 50 年。

“书画修复，就像外科医生做手术一样。”

徐建华指导徒弟修复书画，摄于 2023 年

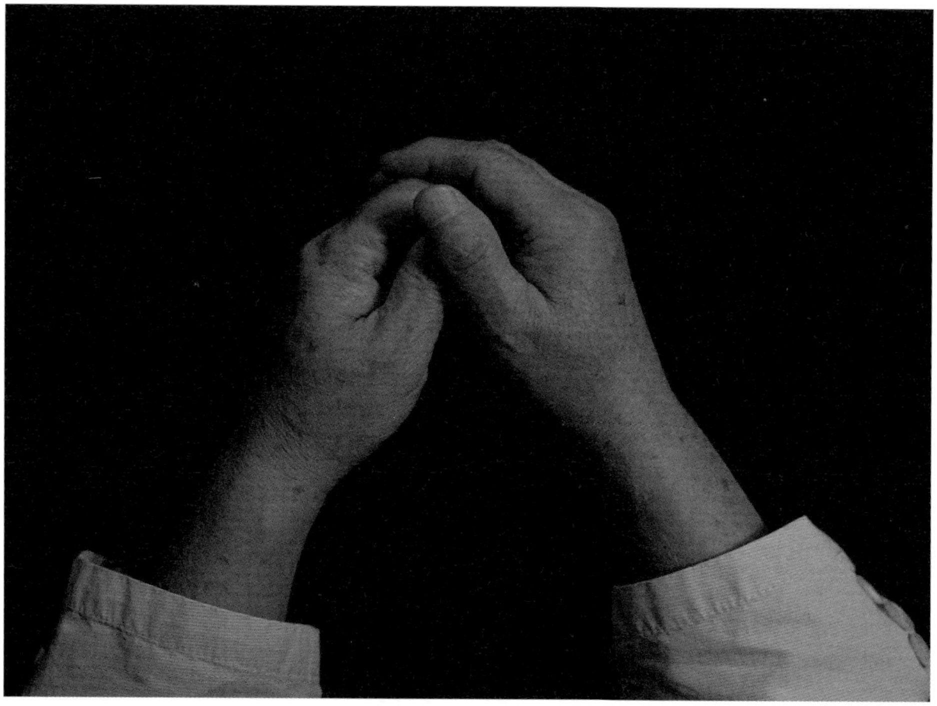

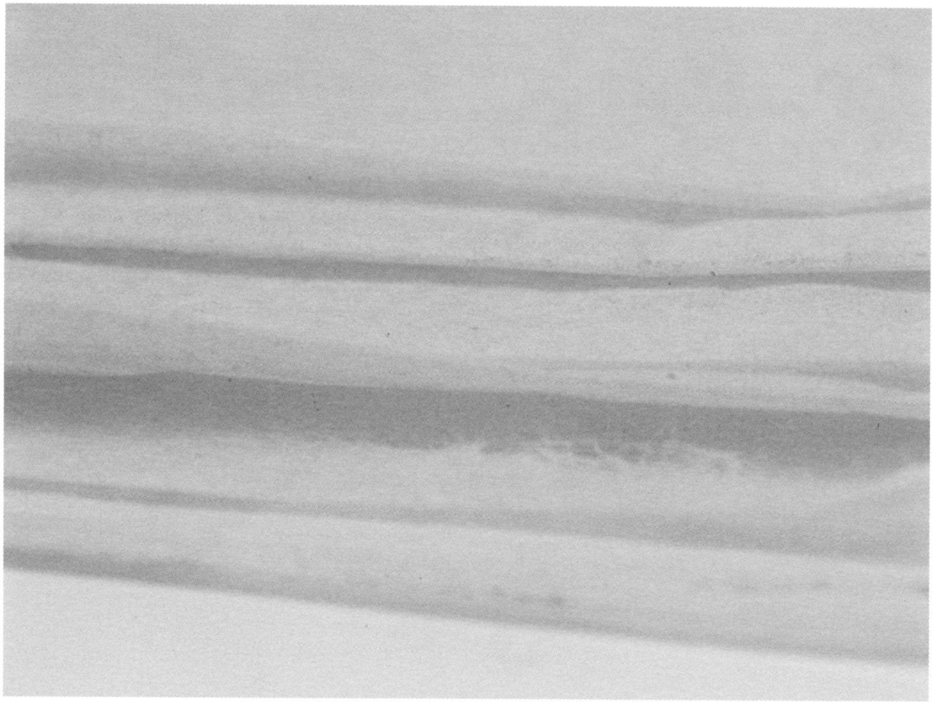

1974 年，我在空军服役五年后转业回北京，被分配到故宫博物院工作。当时工程队、勤务部、文物修复复制厂都在招人，我当时年纪小对这些工作也没什么概念，老主任孙觉把我招到了文物修复复制厂，也就是后来的文保科技部。我家住在前门，距离故宫很近，入职前我想了解一下文物修复复制厂是干什么的，就买张票走进故宫打听。我在开放区域找到了一个姓罗的师傅，我就问他文物修复复制厂是干什么的呀？罗师傅很警觉，他说那地方保密，问我为什么打听，我就告诉他我将要入职文物修复复制厂，不了解情况。罗师傅跟我说，“那是好地方，能学技术。”听到这话我就安心了。对于去哪个组，我是有自己的打算的，第一，我父亲是修钟表的，所以我想学钟表修复；第二，我想去木器组，因为 20 世纪七八十年代如果一个人会木工能打家具，是很受人尊重、欢迎的。

结果当时恰逢一个粉碎林彪反革命集团的主题展览，在毛家湾搞一个反面教材的原装陈列展，其中有一批字画要装裱修复，比较缺人手，我就被分到裱画室了。我父亲说:“裱画不错，无论刮风下雨都是在屋里干活，不像瓦工、油工干工程都得风吹日晒。但是你这个(书画修复)没有我修钟表好，多大领导到我这修表，都是我坐着他站着，哈哈哈……”我们当时就是服从分配，了解得少，也没有那么多想法，就是爱岗敬业，干一行爱一行，我觉得这就是工匠精神。

1953年的时候，时任国家文物局局长的王冶秋同志专程到上海，邀请几位书画修复高手北上。于是书画装裱修复大师杨文斌、张耀选等受邀来到故宫，1954年组建了裱画室，奠定了故宫书画修复工作的基础。我的师父就是杨文斌先生，杨先生扮相好，长相也漂亮，号称“上海书画装裱界的梅兰芳”。他的工作能力很强，1949年以前，如果你的水平被公认很高，那是很不简单的，因为资本家是不会养闲人的。杨先生是无锡人，南方口音很浓重，我恰好在上海当过兵，一批年轻人中只有我能听懂他讲话，我就顺理成章地拜在他的门下。

很幸运，我能和杨先生一起工作，参与了一批特别珍稀的一级品文物的修复工作，这个经历使我的起点很高，得到了充分的锻炼。当时故宫的院长吴仲超先生很有魄力和远见，老师傅们从五七干校改造回来，吴院长力主让他们修复像《清明上河图》《虢国夫人游春图》《五牛图》这类一级品书画文物。这样安排，一方面是让最专业的大师退休前修好重要文物，另一方面是能带带徒弟，做好年轻人的培养工作。所以在这个背景下，我很幸运，我来裱画室的时候正好赶上师父修《清明上河图》《虢国夫人游春图》。

我从打下手开始，跟着师父干，边干边学习。当年我师父他们修复这些一级品时也很紧张，每件文物都是传世珍品。对文物我们都是很敬畏的，但是做修复胆子要大点儿，不能不敢干，要胆大心细。书画修复，就像外科医生做手术一样。修复之前，我们得和书画部、保卫处、院办一起开会，我们提出修复方案，大家一起讨论怎么修复，都确定了以后院长再组织我们开一次会，一起决定每件文物分给谁主要负责。

学书画修复，一个是要有兴趣，再一个就是得坐得住。我从打扫工作室、跑腿、磨刀、打糨子开始干起，动手修复之前还得经受师父的考验，练得差不多了才能慢慢上手接触文物。书画装裱修复是一门综合技术。首先对纸、绢等材料要精通，熟悉这方面的知识，比如宋以后有皮纸、麻纸，明代有了竹纸、宣纸，早年没有检测仪器，全靠手、眼，什么材料眼睛一看，上手一摸就要心里有数，这些都要靠平时积累的经验。再有我们还得懂书画，掌握墨色，全色时怎么用笔，怎么“全”得不呆板，对颜色还要敏感。

徐建华与徒弟陈雨菲（左）、侯雁（后排中）、许腾（右）合影，摄于2020年

我在故宫干了一辈子，在这里经历了人生的各个阶段。当徒弟的时候吃苦耐劳，干什么都得积极，早早地来单位，扫院子、打水、磨刀、收拾排笔和刷子，准备工作先做好。包括师父家里的事我们都得上心，跟师父搞好关系。我师父也认真负责，我们那时候住得都近，白天有什么不懂的，晚上路过师父家我就直接去找他，有技术问题从来不过夜。我每天干什么，能干什么，能干到什么程度，师父心里都有数，有时候手法不对，师父就让我重做。当时为了锻炼技术，有难度比较大的活儿我都抢着做，这样技术才能提高，手艺都是日积月累磨炼出来的。人到中年，我当了组长，带领大家干，要摸清每个人的技术水平，给大家分配任务，还要了解大家的性格，关心同事的生活，为大家服务。比如说当时的文化部发给了我们数量有限的电影票，那时候不像现在到处是电影院，能去看电影是很珍贵的机会，我就得协调好哪些人这次去，下次有什么活动再组织另一批人去。我当时还很热爱体育活动，篮球、乒乓球我都参与，故宫院里的比赛我主要是当裁判，我在部队就当过运动会的篮球裁判。

后来，我也当了师父，我的徒弟有“60后”“70后”“80后”，还有“90后”，年龄跨度很大，一开始是杨子（杨泽华）、大海（周海宽），后来是侯雁、王红梅，现在是许腾、时倩。一个比较大的感触是，徒弟的文化水平越来越高了，以前的师父只会干活，文化水平不高，大家见面都是问读过高小还是初小（小学三年级以下是初小，三年级以上是高小），现在的年轻人都是大学甚至研究生毕业的，原来的修复厂也成了文保科技部，是一个大的研究单位了。在我看来，科技保护与传统修复的结合还要进一步加强，要开展更深度的合作共享。另外，像杨泽华、侯雁他们传统手艺学得不错，但是年轻一代的手头功夫还得加紧练，要有机会参与一级品的修复，我感觉培养新一代接班人的工作要抓紧。

单嘉玖

单嘉玖，1957 年生于北京。故宫博物院研究馆员，装裱修复技艺（古字画装裱修复技艺）传承人，中国古书画修复专家。工作四十余年曾修复大量珍贵古书画，如今退休后依然坚持从事故宫的古书画修复工作，指导培养故宫及其他博物馆书画修复人员十余名。

我是一九七八年到科技部的，
从事书画修复至今。
单嘉玖

“有时候忍不住想，上天真的对我太好了，给我安排到故宫，一干就干了一辈子。”

单嘉玖工作照，摄于2018年

单嘉玖指导徒弟修复字画，摄于 2023 年

TOMATO

单嘉玖工作照，摄于 2016 年

单嘉玖指导徒弟修复字画，摄于 2022 年

我年轻的时候在北京顺义农村插队，1978 年年底，故宫有古建修复的需求，在顺义招工，一些机缘巧合我就到裱画室工作了，一干就是四十多年。我的师父是孙承枝老师，《五牛图》就是他修复的，很幸运当年能和那些修复大师一起工作，学习了很多。刚来的时候我对书画并不了解，不懂什么是书画修复，真的很幸运能一生从事这项工作。我很喜欢书画修复，修复工作让我感觉特别踏实，一天到晚都可以不说话，安静干活就行了，符合我的性格。

那时候工作条件没有现在这么好。夏天解暑就靠电风扇，风扇把屋里的纸吹得哗啦哗啦地响。冬天没有暖气，屋里很冷，吃过午饭就在椅子或者案子上垫个垫子休息一会，然后师父就叼着烟斗到屋外面晒会儿太阳，我们几个小徒弟就跟着师父在门外有太阳的地方站一排暖和一会儿，再进屋干活。

师父人很好，很安静，性格也平和。当时大家住得都很近，离单位都不远，到了春节我们几个小徒弟结伴去师父家拜年，师父和师母拿出最好的茶叶给大家沏上，桌子上摆满花生瓜子一起坐坐。虽然当时大家生活条件都一般，但是人和人之间的关系都非常好，现在想起来心里也挺暖的，蛮高兴的。

书画局部

我感觉过去的工作比现在要紧张得多，大家都来得很早，7 点半就基本上都到工作室了，师父来了系上围裙就干活，我们也不可能坐着吧。自己看看有什么活就干，没活的时候就在师父旁边站着看。那时候每年要修几十件文物，一有修复任务，我起码每次得领两件文物来修。

冬天的时候，书画不能上墙，天气干燥怕书画崩，我们就做全色的工作，把冬天能干的活都做好了，到了夏天赶上雨季，气候潮湿书画就可以上墙了。好多活都是随着季节倒着干，不是说这个季节不合适，那我就不干了，先搁着。有些画比较残破，需要接笔，每到这个时候我们都找临摹室的同事来做，因为他们长期临摹书画作品，对各个画家都非常了解，其中很多人还是小有名气的画家。因此，我们书画修复室和临摹室是关系非常亲密的两个组。当然，现在和过去情况不一样了，现在我们需要写文章、查资料，另外还有很多分析检测要去做，工作方式不同了。

单嘉玖与徒弟们合影，摄于 2020 年

后来我也当师父了，最大的感触就是责任重了。那些修复工作的关键步骤我一点也不敢松懈，即使我自己不动手也得一直在旁边盯着，总是不放心。中国书画文物是很脆弱的，随着修复的深入，每个步骤都会引起文物的一些微妙的变化，每一步都不能掉以轻心，如果哪天我有事，我就得提前给徒弟们安排好合适的任务。我当徒弟的时候只管好好学、认真干，情绪上没有那么紧张。现在要修的文物没有以前那么多，教徒弟的时候我做示范也尽量少做，干多了怕徒弟实操的机会少了。

我平时下班回家比较爱听音乐，做家务的时候，喜欢周围有点声音。我们这代人当年受苏联文化影响比较多，现在也是比较喜欢俄罗斯的歌曲，歌词太复杂不会唱，我就觉得听着挺舒服的。

我对故宫是很有感情的，退休的时候外边公司请我去做修复，我是坚决不想去的。但是，故宫文保科技部要是说叫我带几个徒弟，那我还比较乐意干，毕竟我从 20 岁开始这一辈子都在这儿工作。一晃 40 多年过去了，故宫见证了我人生的各个重要阶段——工作、结婚、生子，对故宫对书画修复室我是真的割舍不了。书画修复我还是挺喜欢的，有时候忍不住想，上天真的对我太好了，给我安排到故宫，一干就干了一辈子，现在 60 多岁了还在干，回顾这么多年真没有遗憾。

杨泽华

杨泽华， 1985 年进入书画装裱科，师承徐建华。故宫博物院研究馆员，书画修复组科长，中国社会科学院研究生院研究生导师，中国艺术研究院研究生导师。2011 年被原文化部聘为《国家职业分类大典》文化行业职业修订委员会委员，2016 年被任命为原文化部第二批重点实验室故宫书画保护实验室副主任。2017 年被评选为国家级非物质文化遗产代表性传承人，2021 年荣获第十五届全国技术能手称号。

这些年每当我修复完一件文物的时候，有两方面感受：一个是获得了巨大的成就感，你看这画那么破，我给修好了；还有一个是每次修复总会有不完美的地方，永远期待下一次能把活干得更漂亮，这样一来我会对下一件文物有一种期待。

工作之余我会弹弹吉他唱唱歌，这让我成为一个丰富有趣的人，不过水平很一般。我认为音乐跟天赋有很大关系，我没这个天赋，但是我就是喜欢。弹吉他自娱自乐，能帮我排解压力，抒发自己的情感

陽秋露巍巍蕩蕩恢漢高大度撫茲庶事如履
薄臨深戰戰慄慄用周文小心詩云不識不知
書曰無偏無黨一彼此於胸臆捐好惡於心想
衆棄而後加刑衆悅而后命賞弱其强而治其
亂伸其屈而直其枉故曰如衡如石不定物以
數物之懸者輕重自見如水如鏡不示物以形
開羅起祝援琴命詩一日二日念茲在茲惟人
所名自天祐之争臣司直敢告前疑
乾隆癸酉仲春之月御筆

杨泽华在工作室修复《乾隆御笔“大宝箴”纸堂屏》，摄于 2022 年

其实凡事都有机缘。1980 年我来故宫的时候，在开放管理处工作，就是在殿内站岗巡逻维持现场秩序。那时候修复厂的办公地点在老院（文保科技部旧址），修复厂里有一个铜器组，当时正值改革开放初期，为响应国家号召，故宫跟英国的一个叫波特的青铜铸造公司有一个合作项目，修复厂的任务是复制一批青铜器，预计复制目标是 1000 件，最后复制了 1800 件。因为这个项目工作量大，所以铜器组要招一批人参与其中，于是我就有机会进到铜器组。我是最早一批进入这个项目的，再后来陆陆续续来了一批鼓楼中学和 205 中学的职高生，包括王友亮、周海宽他们，当时大概有十几个人。

我们在铜器组跟赵贞茂老师学习青铜器从头到尾的铸造过程。那个年代国内没有什么好的条件，大都还是用翻砂铸造工艺。而我们当时用的是世界上最先进的微电炉化筒来化铜铸造，把铜融化了以后，我们自己翻模子铸造。我们在原件上用硅橡胶翻模子，当时国内军工铸造都没这么好的条件。我们很幸运，那是我第一次了解到什么叫“硅橡胶铸造工艺”。铸造完以后，赵先生带着我们几个徒弟打磨做旧，照着原件做，比如这有一个锈斑，是一个什么样的状态，要一模一样地做出来，包括特别细小的花纹、划痕等都要完全复制下来。项目交付阶段，我们把复制品运到机场，当时机场的工作人员也没见过这种情况，海关以为是把原件运往国外。我们只好展示每件复制品底部的方印——刻着“故宫博物院复制”的字样，折腾一番才将货物顺利运上飞机。

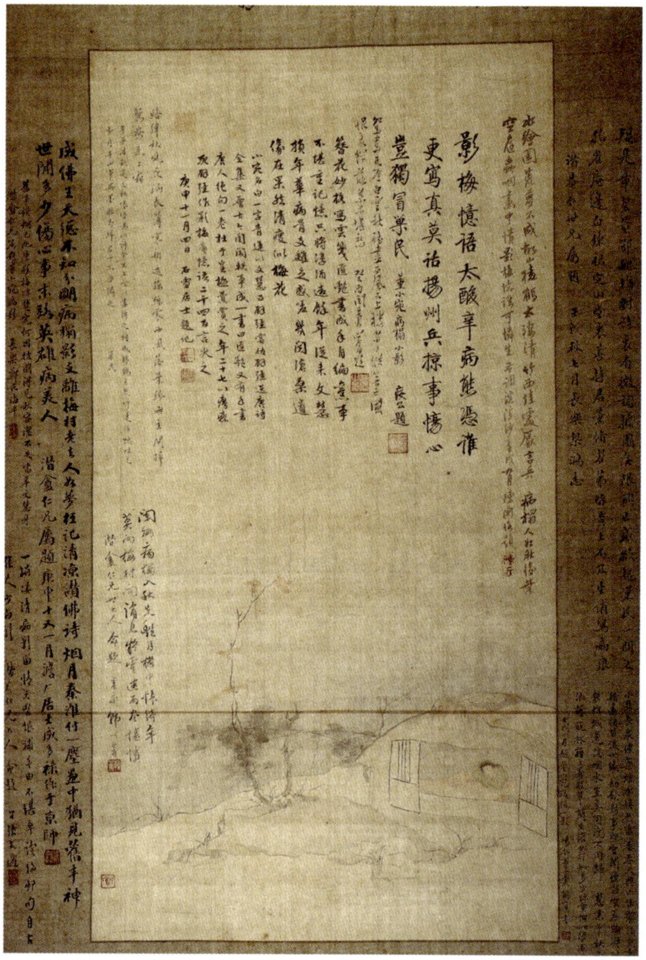 

书画文物局部

1983 年这个项目结束后，铜器组就不需要这么多人了，按照个人意愿，有意向留下的就继续学习铜器的铸造和修复，想去其他科室的就分到各科室。我很早就喜欢书画装裱了，由于我的意愿非常明确，很顺利就去书画装裱组学习了。我的书画装裱师父是徐建华老师。

当年师父每天到得很早，一进屋先打水、扫地、擦案子，再看看墙上的画贴得怎么样，有没有问题，把这些都忙活完了，这才沏杯茶，坐下来边吃早点边聊两句天。那时候钟表组和我们挨着，马玉良师傅听见我们讲话就进来了，我们几个就坐一块儿聊天。看着师父每天工作，慢慢地自己就知道该怎么做了。有一次我忙完准备工作以后，马师傅看着我说："你要是这样，以后就成了。"当时我没在意，现在琢磨这话觉得意味深长。

那时候我年轻，爱玩儿，当时师父也年轻，工作之余，我带着大家一块玩儿，因此我们师徒关系很融洽。当时在隆宗门前有篮球架子，我们天天一到中午就去打篮球。当年张先生、师父还有我，是这屋里的仨活宝，我们仨像说相声似的，整天嘻嘻哈哈，该放松的时候就放松，工作时就认真干活儿。

一开始学习书画修复时师父带着我干，不用担心什么，不用害怕什么，每天到岗了，师父都安排好了一切，他说"今儿咱干这个"，我们就跟着干活，所以我们会产生依赖性。但是后来我觉得要转换角色了，总有一天我是要独立的，于是我开始有意识地思考书画修复的每一个步骤。在我学了三年以后，有一次师父有事请假，那天正好有件文物分配给我们师徒俩干，师父没在，我就先上手清洗文物上的污渍，按照以往学习的步骤去干。后来师父回来一看干得不错，迈出这一步是早晚的事，于是我就开始独立做修复了。

在走向独立的过程中确实有很多的感悟，慢慢地学，仔细思考，机会来了就水到渠成了。这些年每当我修复完一件文物的时候，有两方面感受：一个是获得了巨大的成就感，你看这画那么破，我给修好了；还有一个是每次修复总会有不完美的地方，永远期待下一次能把活干得更漂亮，这样一来我会对下一件文物有一种期待。这两种感受一直伴随着我整个职业生涯。

回顾这么多年的工作，对我影响最大的还是2003—2008年的倦勤斋通景画修复工程，通过这几年的修复确实学到了很多。那次修复难度很大，需要我们现场修复，通常在工作室中的一些步骤要现场完成，再按照原样贴回去，师父他们以前都没遇到过这种情况。我可以毫不夸张地说，每天工作现场剩到最后的那个人肯定是我，学习这种传统的工艺，付出不一定会有回报，但是你不付出是一定没有回报的。

这个修复工程量很大，还有美国专家参与其中，当时美国的检测和保护技术都比较先进，如此一来我们不单要修复好文物，还需要考虑到国际合作，这就涉及一个统筹组织的问题，需要有人来承担统筹全局的工作，当时是我师父负责。那时我觉得师父他们这代人岁数大了，我们这一代早晚应该有人来承担这个任务。这种能力不是每个人都具备的，一个团队十几个人，大家的技艺都没问题，但是总要有一个或者两个人站出来承担领导责任。那时候我就有一种特别强烈的感觉——我是不是这样一个人，是不是可以承担起故宫书画装裱组的管理责任、义务，从那以后这种愿望是非常强烈的。

无论干什么，人一定要有想法，所以我就会有意识地去跟师父学习。不仅学手艺，还学习他是如何安排工作的，思考如果是我组织工作应该怎么安排能更好。比如我们怎么能更好地与美国专家合作。我用眼睛看着，脑子也在思考，思考和美国专家之间的差距。再比如，我们有几次出差到外地博物馆干活，跟我们在故宫干活就不一样。在故宫我们都熟悉环境，可以有条不紊地按步骤做。但是出差就不同了，我们是突击来修文物的，时间紧任务重，所以这个时候我们要做一个统筹安排，比如现场环境是什么样的？我们带了哪些工具和材料？先修哪件再修哪件？这方面我从师父身上学到很多。所以，等师父他们退休之后，又经过几年我成了新裱画工作室的组长。

杨泽华在工作室修复《乾隆御笔“大宝箴”纸堂屏》，摄于 2022 年

作为负责人，要操心的事有很多。每天早上我基本上第一个到，我会把这一天要干什么在心里过一遍，然后把案子都腾好，浆糊准备好，等他们进到工作室的时候，实际上我已经把准备工作弄得差不多了。文物修复的责任是很重大的，有些人会觉得发这点工资干那么多有什么用呀？其实就是责任感和使命感驱使我们每天兢兢业业去工作。

故宫博物院的书画修复为什么那么有名？并不是说我们多能干，那是第一代老师傅们打下的江山，他们都是非常有名的修复大师，他们修复了《五牛图》《清明上河图》这些传世名作。到了我师父这一代，他们跟师父学的时候，是非常严格的，尤其在基本功的训练上——他们站在水池子边上磨马蹄刀，一磨就是一整天，练习刮纸、裁纸等技术一丝不苟，基本功做得非常扎实。如今到了我们这一代，只是有一个比别人更好的平台而已。如今书画修复不只是传统修复，还有科技检测和很多跨学科知识要了解，艺多不压身，所以我们一定要认真工作，虚心学习，只有这样才能对得起故宫书画修复的招牌。

现在，我也到退休年龄了。回顾这些年，我的工作是有意义的，我能坦率地说我是为故宫做出过贡献的，我对得起国家给我的工资，这是我最朴素最简单的想法。不过我还有好多想法没有完全实现，靠一代人很难做到，希望裱画室的每个年轻人都有一个好的发展，扛起故宫博物院书画修复这杆大旗。

戊

陶熔鼓铸

·

陶瓷组

水火既济而土合。万室之国，日勤千有而不足，民用亦繁矣哉。上栋下室以避风雨，而瓴建焉。王公设险以守其国，而城垣雉堞，寇来不可上矣。泥瓮坚而醴酒欲清，瓦登洁而醯醢以荐。商周之际俎豆以木为之，毋亦质重之思耶。后世方土效灵，人工表异，陶成雅器，有素肌玉骨之象焉。掩映几筵，文明可掬，岂终固哉？——《天工开物》明·宋应星

纪东歌

纪东歌，美术学博士，故宫博物院副研究馆员，故宫文保科技部陶瓷修复组负责人。长期从事陶瓷和玻璃文物的保护修复工作，主要研究方向为陶瓷文化史和工艺史。

“没有金刚钻，不揽瓷器活。”

我本科就读于中央美院，因为从小对文物保护很感兴趣，所以选择了文化遗产这个专业。去了中央美院以后我发现文化遗产专业所学的内容偏向理论，观念性强而实践性较弱，和我想象的不太一样。学校里倒是开设了一个门画修复的课程，但那时候只针对研究生，本科生也学不了。后来我有幸认识了北京大学考古文博学院的胡东波老师，于是我就常到北大去蹭课，接触到了古陶瓷保护科学。

陶瓷是无机质可移动文物，北大学习陶瓷保护的几乎全是理科生，主要的教学方向是科技保护。同时学校也重视传统修复，他们请了一些全国各地的传统修复老师来讲课，在课上我遇到了来自上海的于爱平老师。这位老师从事陶瓷商业修复，业界认可度很高，手上功夫特别深厚。在此之前我没接触过陶瓷修复，看到老师能把很碎的瓷片修成完整的器物，修复之后几乎看不出瑕疵，我深受震撼，就想着拜他为师，希望能跟他长期学习。于老师的修复工作室在上海，独立而专业，当时他比较犹豫，最终在胡老师的推荐和我的坚持下，获得了学习机会。此后我跟于老师来到上海，拜师学艺了一年。于老师的工作室承接各种类型的陶瓷修复，重视手头实操效率，每日的工作也很繁忙，那一年对于我修复手艺的精进有很大帮助。

美院毕业之后，我父母觉得我学历不够，鼓励我读研，我就上海北京两地跑，考上了中国艺术研究院的研究生，师从陶瓷研究领域知名专家王光尧老师。王老师让我有机会跟着北大陶瓷考古项目实习，其间因为我有陶瓷修复的专长，又在社科院做了一些出土陶瓷修复的工作，总之研究生期间过得很充实。2011 年故宫博物院文保科技部成立了陶瓷修复室，2012 年我毕业的时候正好陶瓷修复室招人，我因为入行较早，应届毕业就顺利来到了故宫工作。其实当时很多单位都有陶瓷修复的需求，整个行业比较缺人，故宫的馆藏陶瓷文物约有 36 万件套，涵盖了各个时代、品类的陶瓷文物，对于研究陶瓷的人来说，没有比故宫更好的地方了。

毕业之前我就来文保科技部参观过，当时屈峰主任入职不久，他带着我到每间屋子转了一下，当时文保科技部还在老院办公，工作环境很接地气，我感觉挺亲切的，师傅们人都特别好，用北京人那种特别热络的交流方式介绍故宫的各种情况。当时印象比较深刻的是铜器组，王有亮老师他们热火朝天地工作着，屋子里摆着各种机械设备，当时不知道是什么工艺步骤，里面特别像个工厂，我觉得这里是一个认真干活的地方，每个人都是有情怀的手艺人。

文保科技部在延禧宫还有一个国家古陶瓷保护研究重点科研基地，那里是做科技分析的实验室，故宫这种古今穿越，科技与传统并存的工作环境非常与众不同，当时国内没有第二家同时具备这样两种工作方式的单位，能来这里工作，我觉得特别有方向感，将来既能搞修复也能做学术研究。

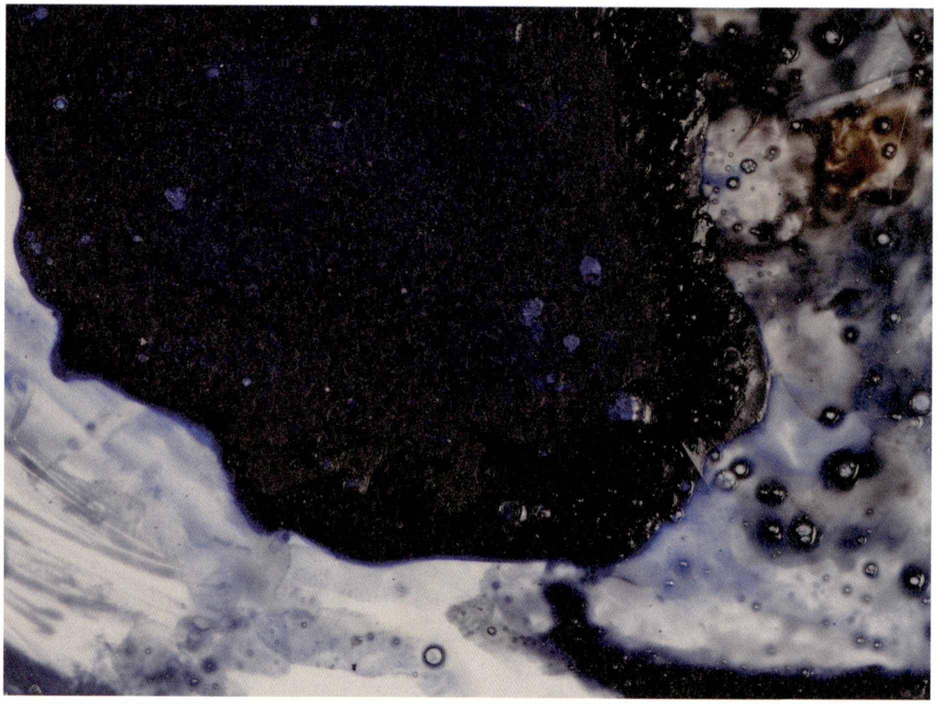

在故宫做文物修复，每一步我们都得计划好，所有的材料都得了解，从检测分析到最后写报告，整个流程都要参与并负责。木器缺失可以把木头雕好去补，漆器有缺可以用大漆去堵，但是陶瓷就很难用陶瓷去修复，因为要经过 1200℃以上的高温烧制，这样原器物就被改变了。古代会用沥青、漆还有蜡来修复，我们现在会找一些新材料去模拟陶瓷的材质，类似整形医生和牙医，和材料学结合得比较多。做陶瓷修复需要长时间的积累，技术不是一天两天能练成的，而且故宫的陶瓷文物种类特别丰富，有出土的，也有院藏的，这些文物来自全国各地，从新石器时期到民国的都有，每一件文物的情况都很不一样。一件文物来到我们这里，有的需要“检查”，有的需要“急诊”，这很考验我们的综合能力。虽然师父、老师把我们领进门，传授修复技术，但还要在工作上多用心、多观察、多思考。我认为我们是以文物为师，在实践中不断学习，每完成一次修复都要复盘总结，积累解决问题的方法。比如我们的很多修复工具都是自己做的，上海的于爱平老师他就自己改造了好多工具，像毛笔、小刷子、勺子等，特别好用。

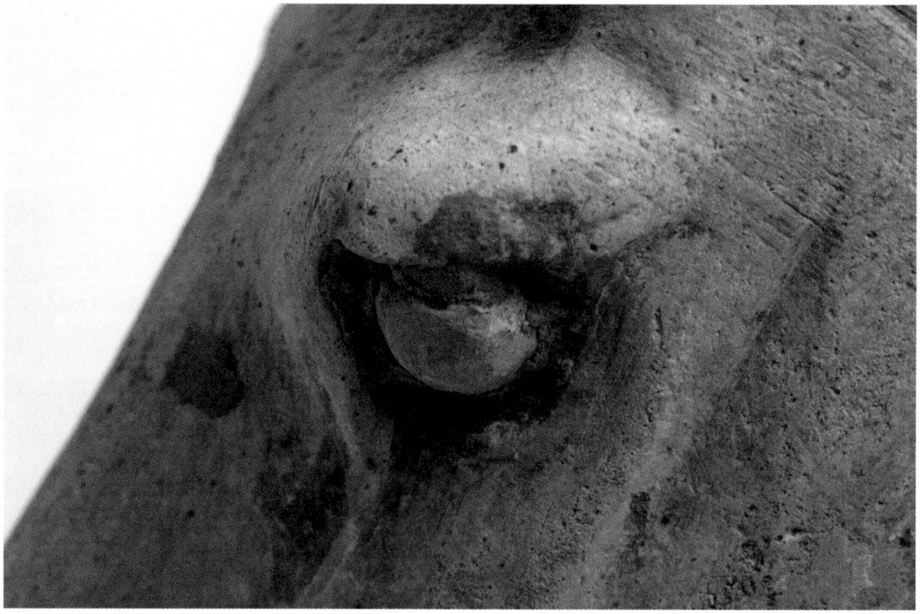

陶瓷的身份很特殊，它既是文物、艺术品，也是所有人都能用到的生活用品，针对陶瓷的修复方式和理念也有很多。咱们的传统修复要求是让文物看不出痕迹，尤其是在商业修复领域，这样一来一件古董瓷器的拍卖价格就翻了几倍。但在文保领域的修复有不可识别性和可识别性之分，如果按西方国际的原则来讲修复要有可识别性，要能分辨哪里是修复过的，这种修复是从保护、研究文物的角度出发的。我认为这种理念之争不分对错，只是用途和角度不同。

古代也有陶瓷修复的方法，比如锔钉，这种修复方式以延续瓷器的功能为目的。在过去很长时间里，瓷器是比较贵重的，一件东西碎了，人们就要想办法修修补补，使它能继续用。古代的锔钉工艺很巧妙，它是锔半孔，不能穿透了，否则会漏，这很考验工匠的技术。把残片箍好了，这件器物就可以继续用，即使过了几百年还是能用。锔钉在民间一直有这个行当，就是锔锅、锔碗、锔大缸。有句俗语“没有金刚钻，不揽瓷器活”就和锔钉有关，瓷器表面是有点类似于玻璃性质的釉质，它有一定硬度，又很易碎，要用到金刚砂、金刚钻才能在瓷器上钻那个细小的孔不至于裂开。

时下比较流行的修复方式还有金缮。金缮工艺其实并不复杂，很好上手，就是把大漆当成黏结剂来做修复，先用黏性强的漆修补破损处，完工前再上一道金粉，这种材料有一定硬度和耐热性。大漆一般是深褐色的，直接用来补缺不是特别美观，所以再描一层金粉。金缮类似二次创作，很少用于文物修复。金缮有独特的美感，在日本比较盛行。用漆来做修复的方法起源于中国，盛行于日本，但就现在的陶瓷金缮工艺来说，我们确实受日本影响较大。

故宫在 20 世纪 50 年代建立了修复厂，其宗旨倾向于文物保护，经过多年的发展逐步走向现代的文物保护修复，将科学的理念融入传统修复之中。从技术上讲我们可以做到像商业修复一样看不出修复痕迹，我们会根据展览、研究的需求来做。修复之前我们会和保管部门的同事开会，大家提出建议，共同商讨如何修复，工作的过程中我们会穿插很多分析检测，最终既要展览效果好，又要可识别。比如说一个盘子，冲着观众的正面考虑到审美性和观赏性我们会处理得比较美观，但背面会处理得可识别性强一些，而且现在我们都会拍照记录修复过程，并撰写修复报告。

陶器是人类最早能够改变自然界物质的物理和化学性质的伟大创造，是真正意义上最早的人工制品，陶器是划分旧石器时代和新石器时代的新创造，是人类重要的文明成果。陶瓷的本质是泥土发生了质的变化，这里边有人的参与，它又来自大自然，因为要高温火烧，它的偶然性又特别强。中国最早发明了瓷器，中国对瓷器的技术垄断延续了 2000 多年之久，逐渐经由朝鲜半岛流传到日本以及亚洲各国，直到 18 世纪以后，欧洲才真正学会烧制瓷器。那时全世界都有陶器，但只有中国有瓷器。中国人在陶瓷技术上精进特别快，我们具备了制造特殊炉子的技术，可以把温度变得更高，这项技术难度很大，从陶器到瓷器的进步，是很多文明难以跨越的门槛。

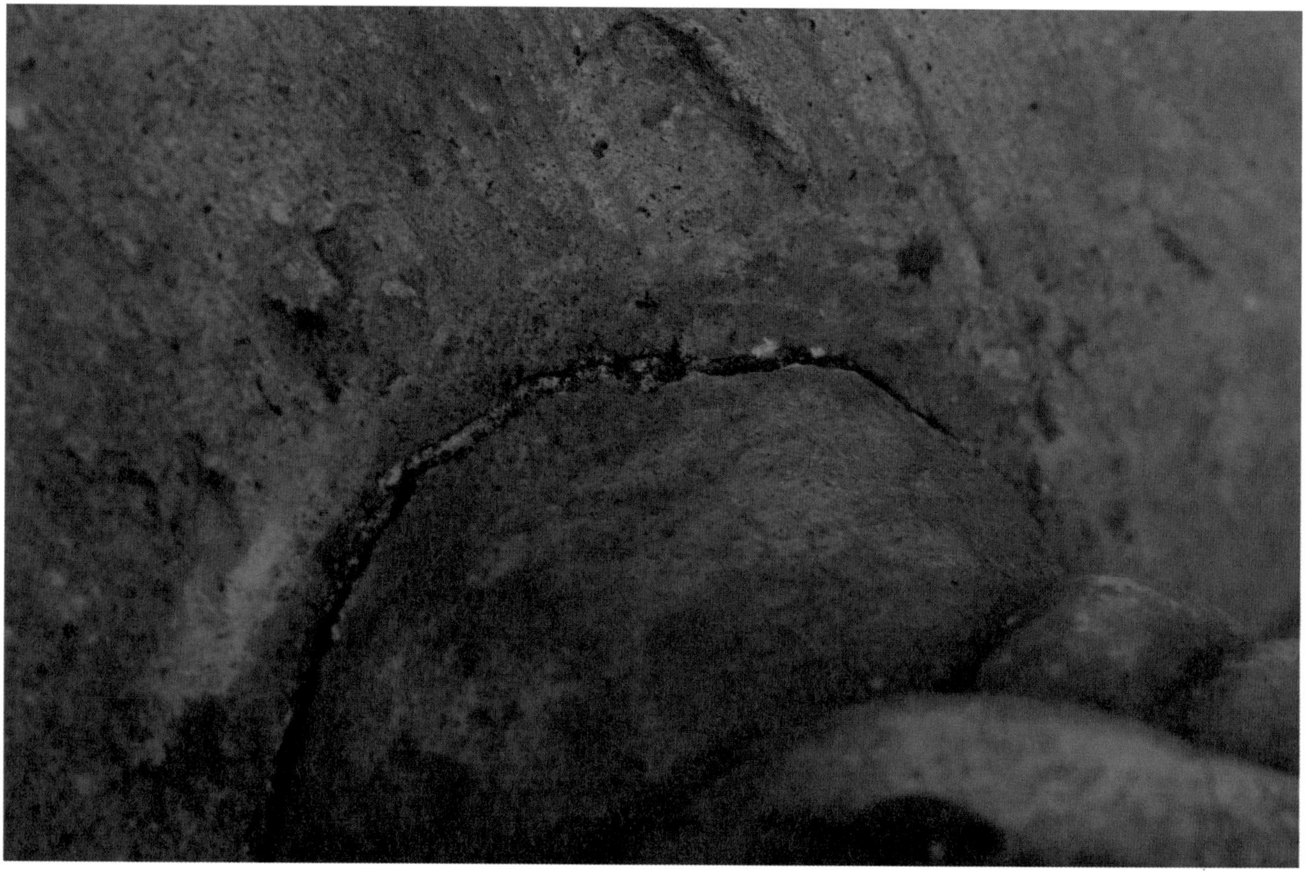

陶瓷的烧制很复杂，我们现在看到一件古代的瓷器或者一个瓷片，我们也很难还原它的原始状态。比如，它的配方是什么？它到底经过怎样的烧制？环境、火候、材料都是影响因素，但从哪个方面研究都无法建立体系。大约从 8 世纪开始，唐代的陶瓷大规模进入全球贸易圈，形成了一个世界范围的陶瓷文化。考古发现，我们很早就与非洲进行了陶瓷贸易，在埃及、肯尼亚的口岸都发现了很多古代瓷片。我在美院的时候，教学体系上把书画看作真正的艺术，是 Fine art，属于高层次的艺术，是精英阶层的高雅艺术；陶瓷则属于工艺品，在工艺美术史中才会涉及，从艺术史的角度去看，其重要程度低于书画作品。在我学习并切身了解了陶瓷的不同侧面之后，我觉得陶瓷虽然是工艺品，但将它放在一个更大的层面去审视之后，会发现陶瓷不仅与生活、美学相关，它还代表了古代的科技水平，陶瓷的传播客观上也带动了各大文明之间的交流。陶瓷的研究是一项非常复杂且综合的工作，可以从美术史、文化史、材料学等多方面去深入。

以前在美院上学的时候，大多数学生都想成为艺术家，那么作品就不应该有匠气，否则格调会比较低。但在前几年很多领域都在强调工匠精神，我觉得这是由一定的社会因素决定的，可能是经济发展过快导致很多人有浮躁情绪，没有认真把事情做细。工匠精神其实就是把简单的、重复性的工作发挥到极致，目的是提倡大家踏踏实实把工作做好。我觉得工匠精神需要在不同阶段赋予它更多的意义，单纯的技术娴熟不是衡量我们工作的唯一标准，在传承好手艺的同时，我们还要把视野放得更宽，用更多维度去理解文物修复工作，充分实现自己的人生价值。

己 剔红描金·漆器组

漆之为用也，始于书竹简。而舜作食器，黑漆之。禹作祭器，黑漆其外，朱画其内，于此有其贡。周制于车，漆饰愈多焉。于弓之六材，亦不可阙，皆取其坚牢于质，取其光彩于文也。后王作祭器，尚之以着色涂金之文，雕镂玉珧之饰，所以增敬盛礼，而非如其漆城、其漆头也。然复用诸乐器，或用诸燕器，或用诸兵仗，或用诸文具，或用诸宫室，或用诸寿器，皆取其坚牢于质，取其光彩于文。——《髹饰录》明·黄成

闵俊嵘

闵俊嵘，2004 年毕业于清华大学美术学院工艺美术系漆艺专业，2011 年毕业于中国艺术研究院漆器鉴定与研究专业。2004 年进入故宫博物院文保科技部，从事漆器文物的保护与修复工作，现为研究馆员。工作期间共修复了百余件漆器文物，参与了太和殿金漆宝座的保护实验、倦勤斋内檐斑竹彩绘与漆饰工艺修复、皇极殿金漆宝座复制、“平安故宫”工程中和韶乐与车马轿舆漆器文物修复等项目。在修复过程中归纳总结了古琴修复中灰胎配比、色彩复原工艺，紫金锭修复工艺，以及雕漆器物的除尘清洗等疑难工艺，取得了良好的修复效果。

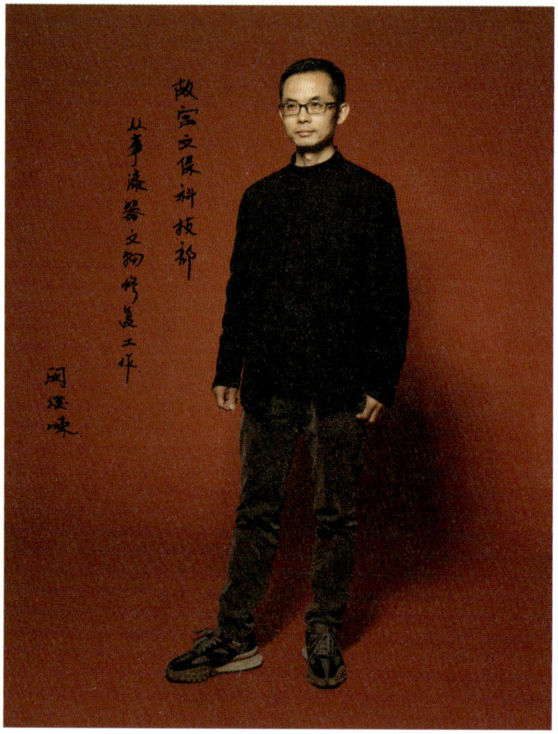

“工艺品是为社会大众需求服务的，随着社会的发展进步，人们的生活方式变了，对漆器的需求也在发生特别深刻的变化。”

闵俊嵘在家中制作古琴，摄于 2023 年

闵俊嵘和师兄张军

2004年大学毕业的时候，我在学校里看到了故宫的招聘信息，很感兴趣，我的老师也告诉我去故宫是很好的就业选择，可以接触真正的文物，可以说是学习漆器艺术最好的选择。来到故宫文保科技部时，漆器室一共师徒三个人，我们的师父是张克学先生，张军是大师兄，我们两个徒弟一同学习修复。当时师父坐在东边，张军在中间，我的工作台在最北边，每天都有具体的修复任务，那段时间我们三人朝夕相处。

在学校时，通过平面漆画和立体器物的创作，使我在材料运用和工艺的掌握方面有了一定基础，同时学校设置的各项课程系统地培养了我的造型能力和审美基础，这些对于文物修复工作是很有帮助的。但是真正的修复工作是更全面、更综合的考验，以往的知识和技能还是无法满足全部工作需求。故宫院藏的漆器文物数量大、工艺种类多、工艺水平高，想修好这些文物，在技术上单靠上学时的那些训练是远远不够的。一件文物，可能涉及雕漆工艺、戗金漆工艺，还有其他的石灰工艺等，这些乾隆时期的多种工艺要用在一件器物上，是我以前见都没见过的。这些复杂的修复工艺都得靠师父来教，师父带了我8年。

皇极殿内修复，2020 年

我真正上手修文物是从故宫筹备“中和韶乐”展览开始的，有大量展出文物需要修复养护。文物的体量很大，数量也多。中和韶乐是传统的雅乐，乐器的品类很多，什么乐器都有，造型各异，伤况也很复杂。修复用什么材料，补到什么程度，后面金怎么贴，怎么调整色彩等一系列复杂问题要处理，每一步都有很具体的细节。这些都要靠师父带，与传统的课堂教学不同，我们是在工作的过程中边看边学习。师父在做修复，我们在一旁看，有问题随时提问。这是一个长期的学习过程，比如漆的颜色应该怎么调，怎么样让颜色比较接近于原物周围的色彩，或者如何处理器物表面的肌理光泽，怎么样才能使修复效果统一，这些细节要靠日常积累。我师父很敬业，很专注，他所有的精力都聚焦在工作上，他是一位很稳重、认真的老师。我认为漆器修复对自身的生活状态也有很大影响，要求无论做什么都要条理清晰。

太极殿内修复，摄于 2018 年

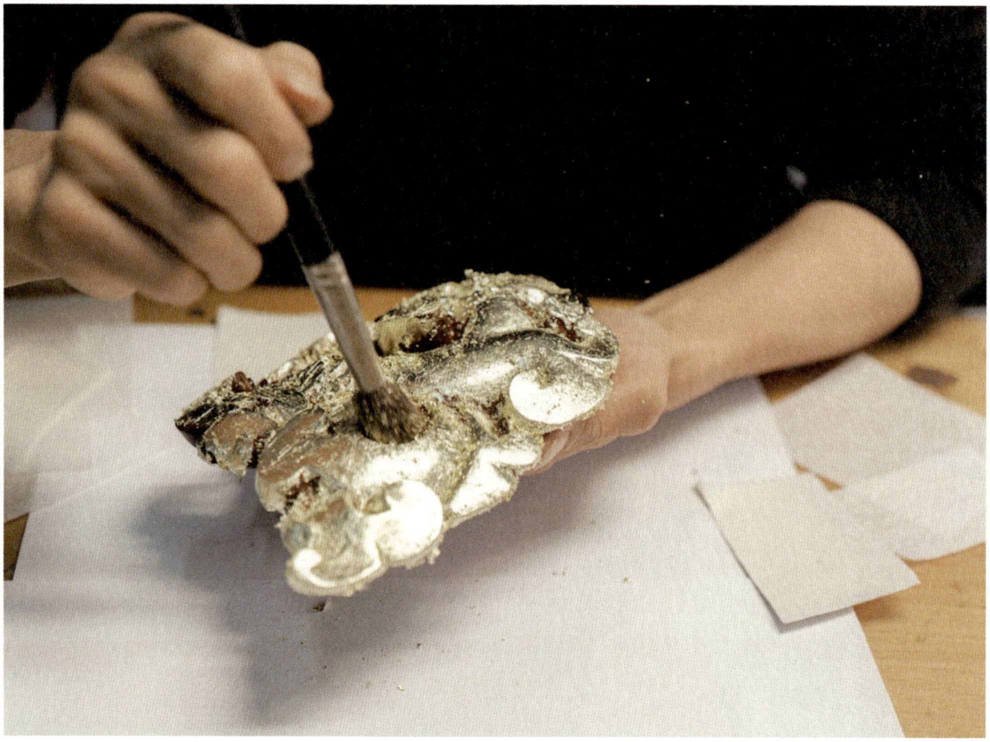

贴金工艺

如今我工作已有 19 年了。文物修复是一个跨学科的领域，综合性很强，从业者要具备国际视野和综合能力。例如现在用到的各项检测分析技术，对于艺术生来说，一开始是比较陌生的，所以文物修复是一项需要终身学习的事业。

漆器艺术创作跟修复差异是很大的，是不同的两个方向。创作作品要有创新，要有新的突破，无论在观念上还是在视觉效果上，要体现自己的审美风格和个性特征。修复的时候就不要考虑创作这回事，修复工作的目标和要求都是非常明确的，整个修复过程都要十分严谨。无论是修复还是创作，共同的基础是技艺水平，要对材料、工艺熟练掌握，手头功夫要娴熟到一定水平，才能去做好工作。文物修复对我们要求尤其严格，因为文物工作是不允许出错的，没有造型和审美的基础，没有对文物的理解，是很难上手的。做漆器一定要能安静下来去操作，因为漆器是很强调工艺程序步骤的，每一步都要做到为下一步去着想，要按计划去执行操作，是很需要理性的工作。

创作与修复本质上是相互促进的，可以通过创作来尝试各种工艺，提升漆艺制作水平，当创作有突破的时候，对修复工作同样大有裨益。另外，文物修复工作是一个学习的过程，首先院藏漆器文物来自不同的年代，都是漆器中的精品，会不断遇到新的文物、新的工艺，每一件文物都需要去研究和学习。在这个过程中工艺技法和认识水平，还有审美的能力以及综合素养都会不断提高，这对我的创作来说也有很大的帮助和推动作用，所以这两项工作是相得益彰的。

古琴“红了樱桃”，古琴为闵俊嵘作品

古琴“素心”，古琴为闵俊嵘作品

在工作室里制作古琴

文保科技部是一个全面的综合的部门，文物保护与修复的综合水平在全国排行前列。一方面我们有师徒传承的体系，每个科组都有技艺精湛的老师傅把关，年轻人也都是专业院校毕业的，具备一定基础技能。另一方面文保科技部的科组设置很全面，不但包含各种工艺门类，还有科技保护的专业支持。各个小团队之间通力合作，整体的实力可以进一步增强。以目前正在修复的文物举例，金漆檀香木雕观音像就是由五个科组一起修复，木胎部分由木器组修复，金漆由我们漆器组来负责，佛像的服饰交给织绣组修，佛像上的配饰由镶嵌组修，修复之前由负责科技检测的同事先做检测分析，缺少任何一个环节都是无法达到最佳修复效果的。整体来说我们现在的修复系统是比古人要强很多的，修复的技术和理念是一直在进步的。

从漆器工艺角度来说，有些工艺在进步，但也有些工艺在退步，还有些工艺消失了。因为工艺品是为社会大众需求服务的，随着社会的发展进步，人们的生活方式变了，对漆器的需求也在发生特别深刻的变化。比如漆器在中国古代曾是日常重要的生活器具，后来用得越来越少，因为它被瓷器、玻璃器和树脂产品完全替代了。我们现在做漆器就要发掘人们新的需求点，只有这样漆器艺术才能发展得越来越好。

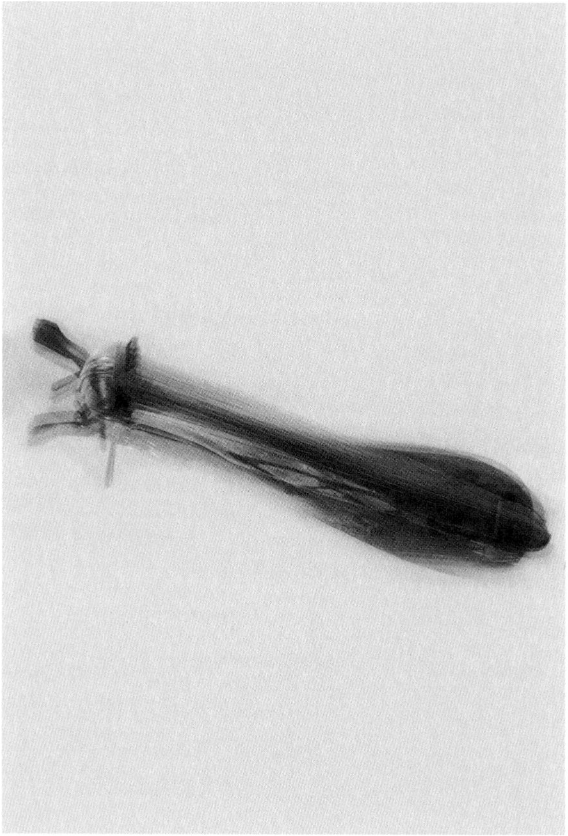

在众多漆器品类中，我对古琴是情有独钟的，现在主要精力都放在古琴的修复和斫制研究上。2004 年到故宫工作的时候，我师父已经修复了几张中和韶乐的琴。那时候院藏文人琴还没开始修，先从中和韶乐的琴开始，修完院领导和专家郑珉中先生看到效果很好，接着便开始修文人琴，师父就带着我一起参与修复。

古琴跟其他的漆器不一样，从斫琴的角度讲，古琴是乐器，古琴修复不但要求器物完整，还要恢复它的弹奏功能。比如补配岳山和龙龈，高低弧度要与弦路匹配，包括琴面上如果有要补的地方，更要注意不能因修复产生抗指或者出现杂音。补配所用的材料漆、鹿角霜等，混合后的强度要跟原来的灰胎能统一、协调，如果这些要素对应的关系不统一，都会产生不良影响。要想做好古琴修复，就一定要把保护和恢复乐器功能都做好，就必须去学习琴的弹奏和制作，这需要完整系统的学习和大量的实践。在单位我们没有充分的条件去完整地做一张琴或者一件雕漆器物，因为周期太长，因为单位有工作岗位的职责要求，因此需要在工作之余投入时间进行学习。一件古琴结构上有缺失，就补木结构，灰胎有缺失，就要补灰胎；黏合时用什么材料，用什么样的工艺，需要有充分的经验积累，才能找到合适的材料和配比关系。在制作过程中不断实践，很多修复上的问题也就找到答案了，修复的时候就会比较轻松，甚至能达到游刃有余的状态。

古琴有三千多年的历史，现在琴的形制结构在晋唐时期就已基本定型。古琴是礼乐制度的一部分，是中华文化的“正音”，被视为“八音之首”。“孔子学鼓琴师襄子”，古人学琴弹琴，一方面有礼乐的要求，一方面是对自己心性的提高。琴不单是乐器，更是古人修身养性的工具。琴从古至今融合了很多我们中华民族高洁的理想，深度参与到民族精神的塑造当中。琴与儒释道的哲学思想相融合，具有教化和修身的作用，斫琴、弹琴不仅是学习工艺、学习音乐，更是体验一种美学和生活方式。斫琴、弹琴对我的生活影响很大，占据我很多时间，在学习的过程中，整个生活节奏都会随之改变。

琴圈包括弹琴、收藏和斫琴三个部分，这些都会接触到。古琴藏家多数都会弹琴，有的还会修琴，斫琴师多数也都会弹琴和修琴，这三个圈子有时完全是重叠的，就像是三原色一样套在一起，会出现很多色彩变化。2003 年，古琴作为世界文化遗产申遗成功，那时全国弹琴的也只有 300 多人。据琴圈相关人员统计，现在全国对弹琴感兴趣、能够参与其中的大概有 300 万人了。古琴圈子越来越大，这是一个很好的趋势。

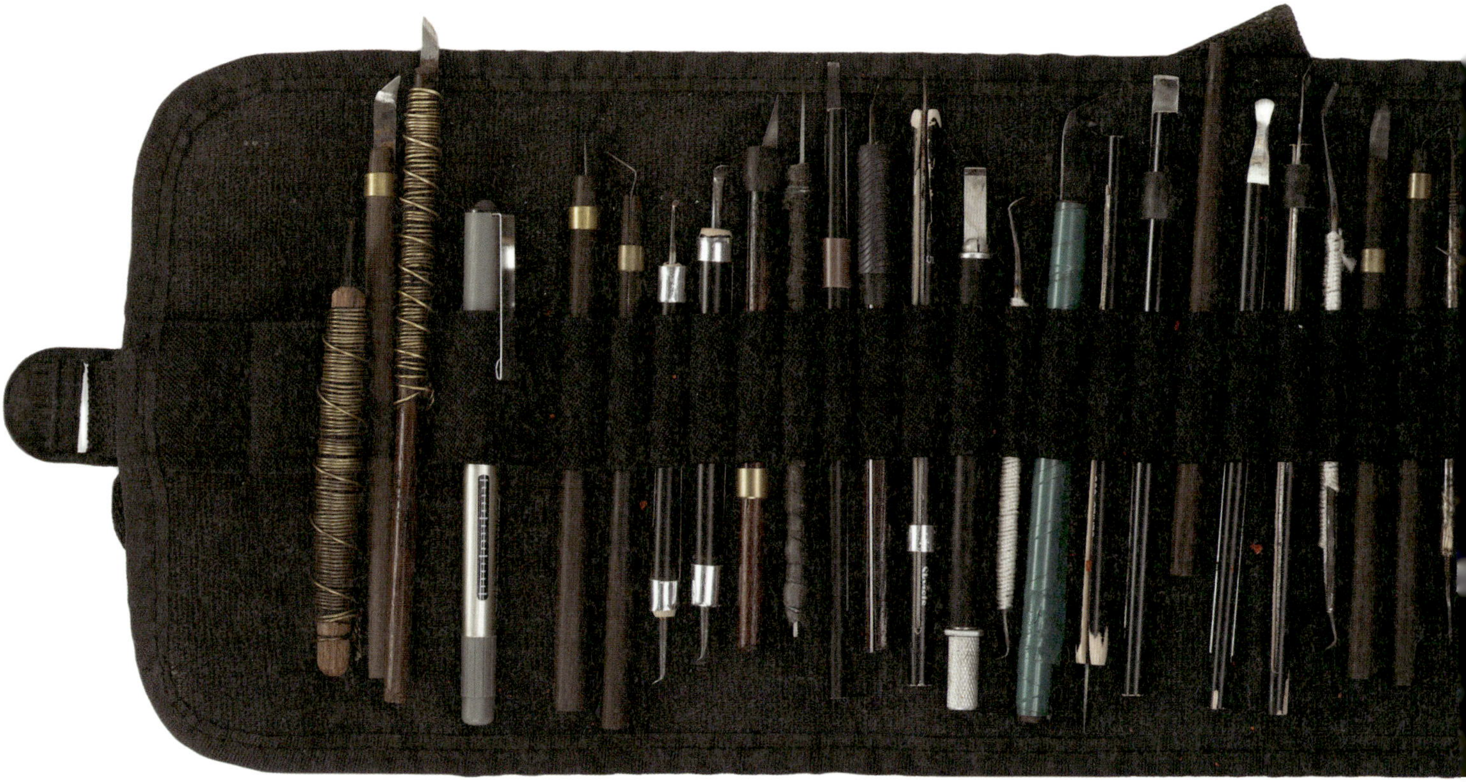

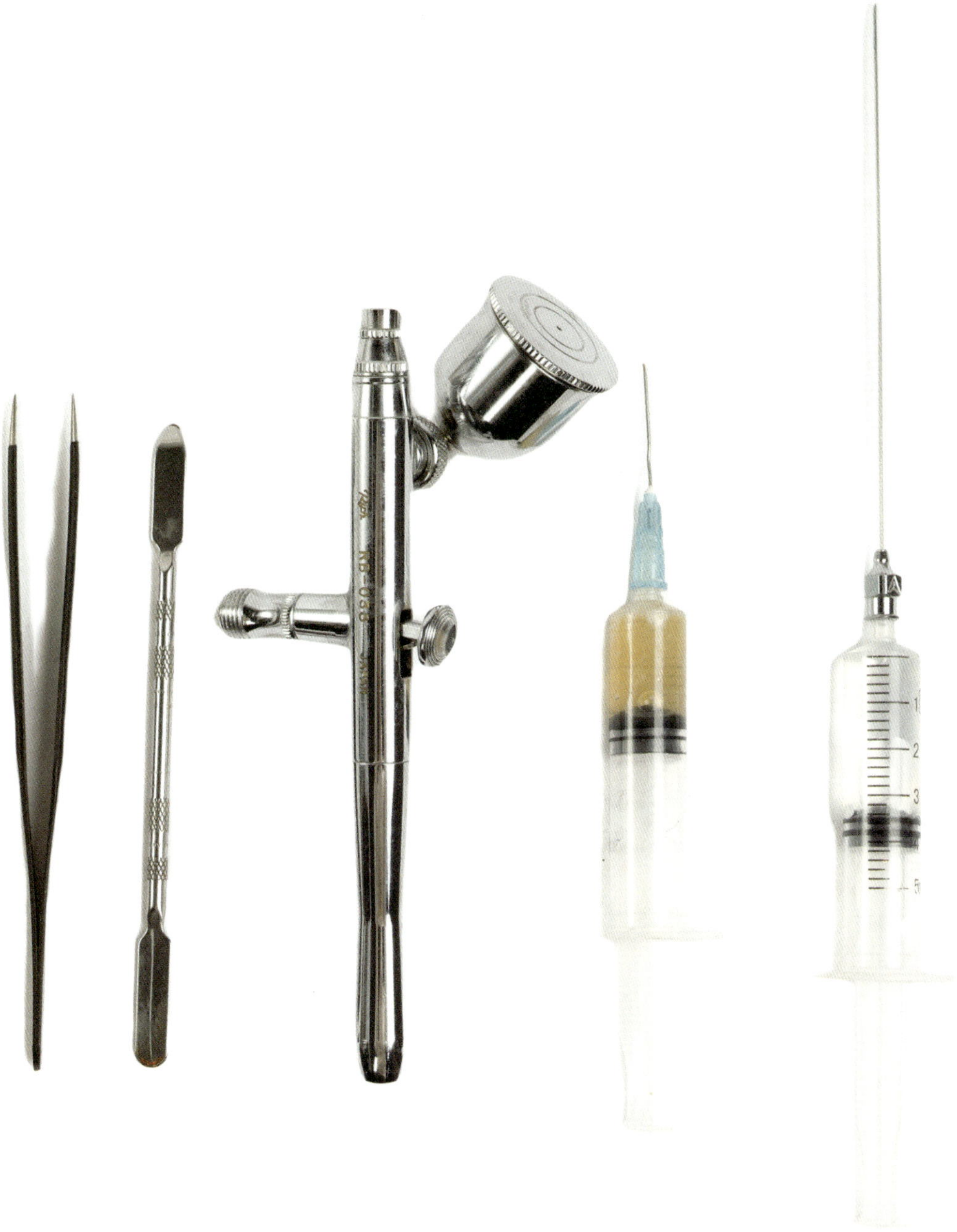

张克学

张克学，1969 年参加工作，1979 年调入故宫博物院文保科技部综合工艺组工作，故宫博物院副研究馆员，原综合工艺组组长，从事漆器文物修复与创作三十余年。

“一到漆器室看到雕漆文物，我心里就很高兴。”

来故宫工作前，我在工厂做机械加工，我是最累的车工，一直就想换工作。那个年代基本没有选择的余地。我比较幸运，当时故宫大范围招工，一年进了几十个人，漆器室最缺人，当时只有陈师傅一个人做漆器修复，我就去漆器室了。

一到漆器室看到雕漆文物，我心里就很高兴，知道自己来对地方了，因为我对雕刻特别感兴趣。我上学的时候正赶上“文革”，学校不怎么上课，看到街头大大小小的宣传画和招贴都很美观，就想自学刻版画，刻毛主席头像。当时我到处找三合板练手，自己存钱去王府井买了一套刻刀在家里练习。后来我去当兵，我们的营部要出一个宣传小报，借此契机我做了不少刻版油墨海报，算是有了些美工基础。虽然当时我对漆器没有什么概念，但是雕刻、动刀子我是有基础有兴趣的，于是我就开始跟着陈师傅学漆器修复了。

雕漆和刻版的材料不同，手感不一样，但是我比较用心也很喜欢。从“回字纹”开始跟着师傅一点点学，之后是山水、人物、花鸟什么的。学这个手艺主要还是靠练习，一边刻一边琢磨，琢磨不同的用刀方法。修文物和自己做作品是不同的，文物往往只是某处缺了一点，只能补一小块，没有一个完整的制作过程。不同时期文物的材料和雕刻特点都有微妙的差别，用到的刀法也不同，这些细致的东西就要自己琢磨自己研究，倒不是说我多主动好学，有时候需要被动地去研究，因为如果技术或者知识不过关文物就修不好。另外材料的掌握是修补漆器文物的重点，对漆的掌握要熟练，如果漆抹上就干了，那就刻不动了。漆器修复还有一个就是对干湿度的把控，雕漆工艺的修复一般要加入一些铜油，这样漆才能软，干得慢，好雕刻。湿度和温度的把控关系到漆的固化结膜，南北方有差异，不同季节也不一样，这些都得慢慢积累经验。

没有展览任务的时候我们可以去库房挑选自己感兴趣的文物来修，平时总是小修小补不过瘾，这个时候我就会选一些伤况严重且雕刻复杂的来修。我认为乾隆时期的文物最难修，很多其他时期的雕漆文物都会抛光，有雕刻不精的地方一打磨就很好看了，但是乾隆时期的雕漆文物很少打磨，纯靠雕刻者精湛的手艺。乾隆时期的漆器工艺上是最繁复的，特别华丽。现在很多时候大家认为繁复是一个贬义词，实际上在我看来那做工是真棒呀。

漆器修复中山水人物题材的器物比较少见，也比较有难度。与一般传统纹样的漆器不同，山水人物题材的图案如果有缺失原器物上是没有参考的，情况比较复杂。补缺需要对不同时期的雕刻风格和图案设计有了解，补配部分无论从工艺上还是内容上要与原本文物和谐统一，不然就会不协调。这就比较考验我们对文物的认知和经验，要查资料，要在同时期的文物中找参照，不能把自己的风格掺杂其中。

元代的漆器现存很少，明代的漆器比较简约，故宫里的漆器文物还是清代的居多。很多漆器表面的雕刻就跟一幅画一样，皴擦点染漆器都能反映出来。我干了一段时间以后觉得自己不行，如果不学点美术，很多文物真的拿不下来，我就在外面就报了个绘画班，系统学习了山水、人物、花鸟画。我主要就是练工笔画，因为修文物必须得把线条、纹路、图案勾出来，要求有绘画的基本功。

回顾这几十年，我感觉很幸运能干这一行。过去没时间，现在退休了，终于可以做些创作了，我没事就做点自己想做的、有难度的漆器，主要是雕漆的器物，把这么多年积累的知识和手艺用在自己的作品上。

庚

吹影镂尘·镶嵌组

百宝嵌，珊瑚、琥珀、玛瑙、宝石、玳瑁、螺钿、象牙、犀角之类，与彩漆板子，错杂而镌刻镶嵌者，贵甚。——《髹饰录》明·黄成

孔艳菊

孔艳菊，现任故宫博物院文保科技部镶嵌修复组组长，研究馆员。主要从事有机质和无机质宝玉石镶嵌材料文物的保护和修复工作，涉及的主要文物种类有百宝镶嵌、漆器镶嵌、花丝镶嵌及点翠、盆景等。修复手法以传统制作技艺和修复技艺为主，结合现代科技检测与分析。工作与研究成果发表在《故宫博物院院刊》《故宫学刊》《紫禁城》等刊物上。

孔艳菊
一直从事镶嵌文物修复工作
二〇〇四年来到故宫博物院

“能够看到这些古人留下来的文物，学习他们的设计，感受他们的心境，思考怎么把这些自然化的元素提炼出来，再转化成具有时代特征的一些东西。”

我是 2004 年 8 月来到故宫的，之前在中央美术学院一直做创作，刚来的时候抱着一种学习的态度，有一种学生的心态，感觉就像外出写生一样。我被分到了镶嵌工艺组，一开始觉得挺新鲜的，像是来到一个新的学习环境。到第二年我逐渐清楚地认识到将来我会在这个岗位上一直工作下去，这辈子可能就在这儿了。文物修复有很多知识是学校里面根本没听说过的，这一点非常吸引我。我们文保科技部的整体气氛还是很好的，工作环境是很积极的，也很宽松，对年轻人的各种想法也非常支持，我赶上了特别好的时候。我师父是吴亚丽，擅长做象牙微雕。故宫有一段时间做文创都是自己人做，我师父还负责过许多文创的画图、设计工作。我们组的各位老师傅都很友善，大家就像一家人似的。每年还会去各个博物馆学习参观，就像学校组织春游一样，感觉还像在美院上学。入职的前十年左右的时间我一直在不断地积累，打好修复基础，后来之所以能够有所提高，对一些文物修复的关键环节有自己的认识，都来自那段时间的练习和学习。

我们当时的科长是张克学老师，他退休之后自己在家做创作，做他自己喜欢的漆器，平时都在修文物没什么时间做自己的作品，他一直有这么一个夙愿。从我入职到现在接近 20 年了，大概前半段一直处于一种单纯学习的状态，后半段我成了镶嵌工艺组的组长，行政上的事情越来越多，工作气氛也有所变化。主要是工作思路上发生了改变，比如说整个部门要朝哪个方向走。近年来组里来了不少年轻人，就要思考如何给他们更好的发展空间等问题。杂事越来越多，感觉每天都挺忙，修复工作要挤时间来做，而不像过去那样没别的事，成天就在修文物。现在，我思路越来越清晰，更加珍惜时间，赶紧做点研究。随着研究的深入发觉我的知识量储备还比较匮乏，要学的东西太多了。

我感觉我们离这些文物的制造技艺越来越远了，距离那种人与自然和谐相处的状态越来越远。现代人每天上网刷短视频，时间非常碎片化，一些有热度的事情背后缺乏真正的支撑，整个社会氛围有一点浮躁，包括我本人也很难沉下心来做一件事情。但是古人会在一件事情上花很多时间来琢磨，各方面都非常讲究。

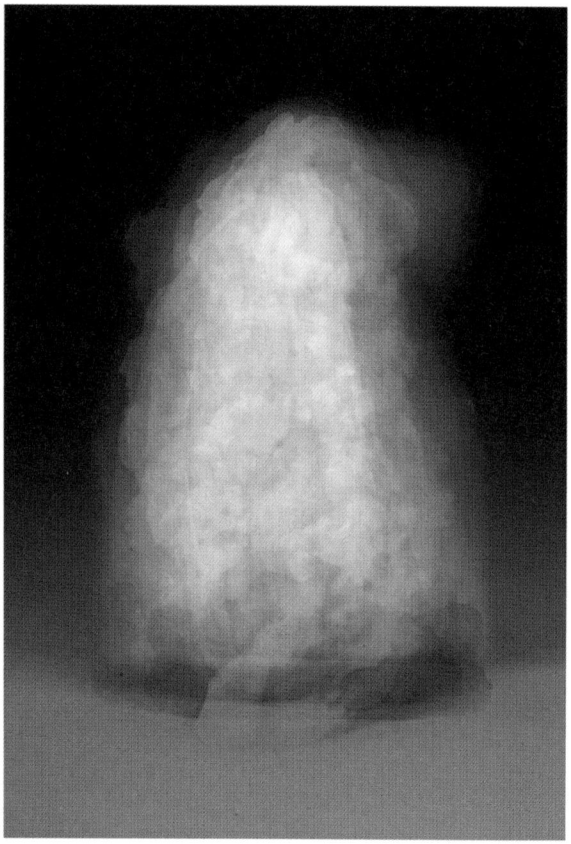

比如说我们除尘保养的那些玉山子，大多是山林景观，一个拿着古琴的人去拜访另一位友人，山上或许还雕刻有一些动物和瑞兽，故事就刻在山上，题材都比较接近。端详这些文物的时候，我的状态特别平静。古人可能把很多时间都用在对一件东西的不断打磨上，慢慢地琢磨它，然后推敲怎么样做得更好。有时候我沉静不下来，就一定要把门关起来干活，把手机收起来，细看这些文物，这样状态可以很快得到调整，一天下来那种感觉是很充实的。不然的话，成天拿着手机就不知道自己在干啥，转眼就下班了，所以我现在也经常提醒组里的年轻人珍惜现在积累的时间，把握好学习的机会。目前我请了王毅师傅过来做一些玉雕方面的工作，同时也请他为我们科组的年轻人传授一些玉雕方面的技术和玉雕的整体思路，做一件玉器每一个步骤都是有具体规范的，如果没有深入了解就很难知道一件文物在工艺上好在哪里，眼界就会受限。

修复一件文物要了解很多知识，材料本身，还有它的工艺，是谁在什么情况下做的，做出来之后用在什么场合等。我最初来故宫的时候就抱着一个学习的心态，这种心态一直持续到现在，我希望能搞一点创作，学习古人的设计思维。比如玉璧，它其实是一个很简单的造型，一个圆形中间有一个小圆孔，上面会有各种各样的花纹。它是从一个简单的素璧发展到慢慢有纹饰的，纹饰代表了很多寓意，它是跟神灵沟通的一个介质，再到后来玉璧发展成了皇权的象征，这是一个从简单到复杂又到简单的这么一个过程。当然，这种形制是处在不断演变的过程当中的，不同朝代玉璧的设计是不同的，是具有时代特征的，这种设计的变化是在原有元素的基础上进行提炼跟再加工的。玉璧的设计灵感来源于自然界，但是很少会有一个天然的东西长成那样子，我们就是将自然中的元素提炼出来之后又赋予它深刻的意义，器物上有一种丰富的思想在里面。我们修过一件较大的玉璧，玉璧配有一个木质插屏，乾隆皇帝在插屏的后面刻了一首诗，大意是讲这个玉璧非常精美，它是由一块普通的石头加工而来的，如果不经过古人的加工和雕琢，它仅仅是一块石头很难成为一块美玉。乾隆皇帝在欣赏美玉的同时也表达出他的一些情绪。从美学的角度来说，一些文物的设计理念以及制作方法就让这种造型变成了一种经典，这种经典是颠扑不破的，它永远变成了一种象征。我们现在做现代设计，有时候也会借用文物的造型。

我觉得自己还是蛮幸运的，从一个小县城来到故宫工作，能够看到这些古人留下来的文物，学习他们的设计，感受他们的心境，思考怎么把这些自然化的元素提炼出来，再转化成具有时代特征的一些东西，目前看来可能离我自己的理想还有点距离，所以我觉得自己还得不断地从古人留下来的文物当中学习一些造型的理念、工艺的技巧，还有思想的传达变现方面，继续提升自己。

我师父吴亚丽是一个不怎么爱说话的人，从不掺和别人的一些议论，特别安静。早晨她会带着一个很大的宫颐府面包来上班，再拿一份报纸，到了座位之后沏上茶，然后一边看报纸一边吃面包。师父每天早上来得特别早，从来不会迟到。早上八点我来的时候他们都已经把准备工作做好了。刚上班的时候我经常迟到，我自己就觉得不好意思，后来我坐班车能够早点到，到了以后我赶紧去打个水。他们几十年如一日，早晨收拾好了之后就开始干活，把活干完记上档案。其实一开始我们的文物修复点交单和档案还是很简明扼要的，但是只不过后来要求把这个档案写得更加丰富，加上照片，加上修复的详细时间跟过程，吴老师会特别认真地把这些写完。师父从来不会多说什么，也不会说教，更不会跟任何人发生争执，就是每天把工作做好。师父跟我交流的内容一般就是文物怎么修，遇到什么问题该怎么做。我一般都是看她做，然后打下手，后来慢慢地我就自己上手修了。修文物主要靠实践积累，师父对我的影响是潜移默化的。

我们的组名“镶嵌”实际上是以工艺命名的，不像其他组，钟表、漆器是指一类器物，木器是一种材质，然而镶嵌就是一种工艺。因为镶嵌涉及的材料种类特别复杂，一般都是综合性的，比如漆器上的漆地镶嵌、金属上的花丝镶嵌，还有宝玉石的镶嵌，还可以扩展到象牙、羽毛等各种工艺和材料，这些材料跟工艺都是相通的，时常混合在一起，所以不好分开，也分不开，所以就都在我们组。像玉料、象牙的雕刻，我们肯定会用到这些工艺，比如修一件挂屏或者插屏，有的位置需要补配玉，有的位置要嵌一块贝壳。

一些文物送到我们这里的时候看起来只掉了两三块配件，但是修着修着就发现很多地方都松了，上面的颜料也老化了，然后基本上要把相关的其他部分全都得过一遍，越修越多。所以一开始点交文物，填单子的时候没法写得特别细，一般到最后肯定整体都得修。比如盆景类的文物，很多部件都快散落下来了，不是说保证部件不掉就完事了，要恢复盆景原来的全部细节。这就涉及花要恢复到原来的造型、原来的美感，需要通过文物留下来的细微信息来推测这朵花本来是朝哪个方向的，包括每朵花和枝叶之间的位置关系，然后要整体加固，修复效果要符合原来的气质和工艺水平，恢复文物原来的那种艺术美感，不能随意臆造，事无巨细每个环节对我们的审美都是一种考验，我都得盯着。

现在年轻人都是集中进来的，年龄差距不大，大家各有所长，虽然我的经验比他们更丰富一些，但我也得不断学习。所以我现在还没有收徒弟，大家就是同事关系，只不过工作上大家会征求我的意见，然后经过我们共同探讨来决定修复方案。

以前文物的修复、复制和仿造是传统的作坊式的，所以师徒关系是比较好维系的，但如今在博物馆的这种系统中，我认为这种师徒关系可能跟现在这个环境并不是完全匹配的。“闻道有先后，术业有专攻”，我入行比较早，所以我会努力培养我们组的年轻同事，他们进来之前也有各自的专业背景，都是有一定学术基础的，所以大家可以相互取长补短，共同研究文物。

故宫的资源很丰富，而且平台足够大，想做什么都可以。我真的是希望他们都能学得特别好，外边一些工艺大师在技艺方面是没问题的，但是在对文化的理解和审美上还是有不足的，因为我们在故宫接触和看到的一定是最好的作品，我们的眼界一定是很高的。今后我们的年轻同事只要能好好钻研一定是对整个行业有提升的，所以我觉得我们组以后还需要再抓严一点，哈哈哈，让他们更加有这种紧张的意识，要尊重自己的选择，认识到学习的重要性。

辛

继志笃新

•

复制组和采编组

临，谓以纸在古帖旁，观其形势而学之，若临渊之临，故谓之临。摹，谓以薄纸复古帖上，随其细大而拓之，若摹画之摹，故谓之摹。——《东观余论》宋·黄伯思

巨建伟

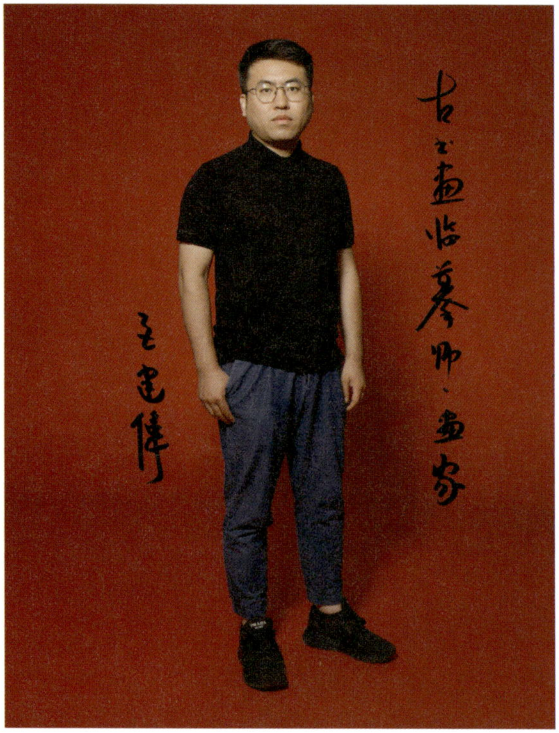

巨建伟，1987 年生于河北省高碑店市，2007 年考入清华大学美术学院绘画系中国画专业。2011 年至今就职于故宫博物院，现任故宫博物院书画临摹组组长，副研究馆员，中国国家画院青年艺术中心聘任画家，荣宝斋画院宋元人物画研究创作班导师、特聘教授，荣宝斋当代艺术馆推介中青年艺术家。

“把古书画临摹技艺提到一个学科的高度，有助于我们掌握古人绘画的逻辑，掌握中国画独特的观照。”

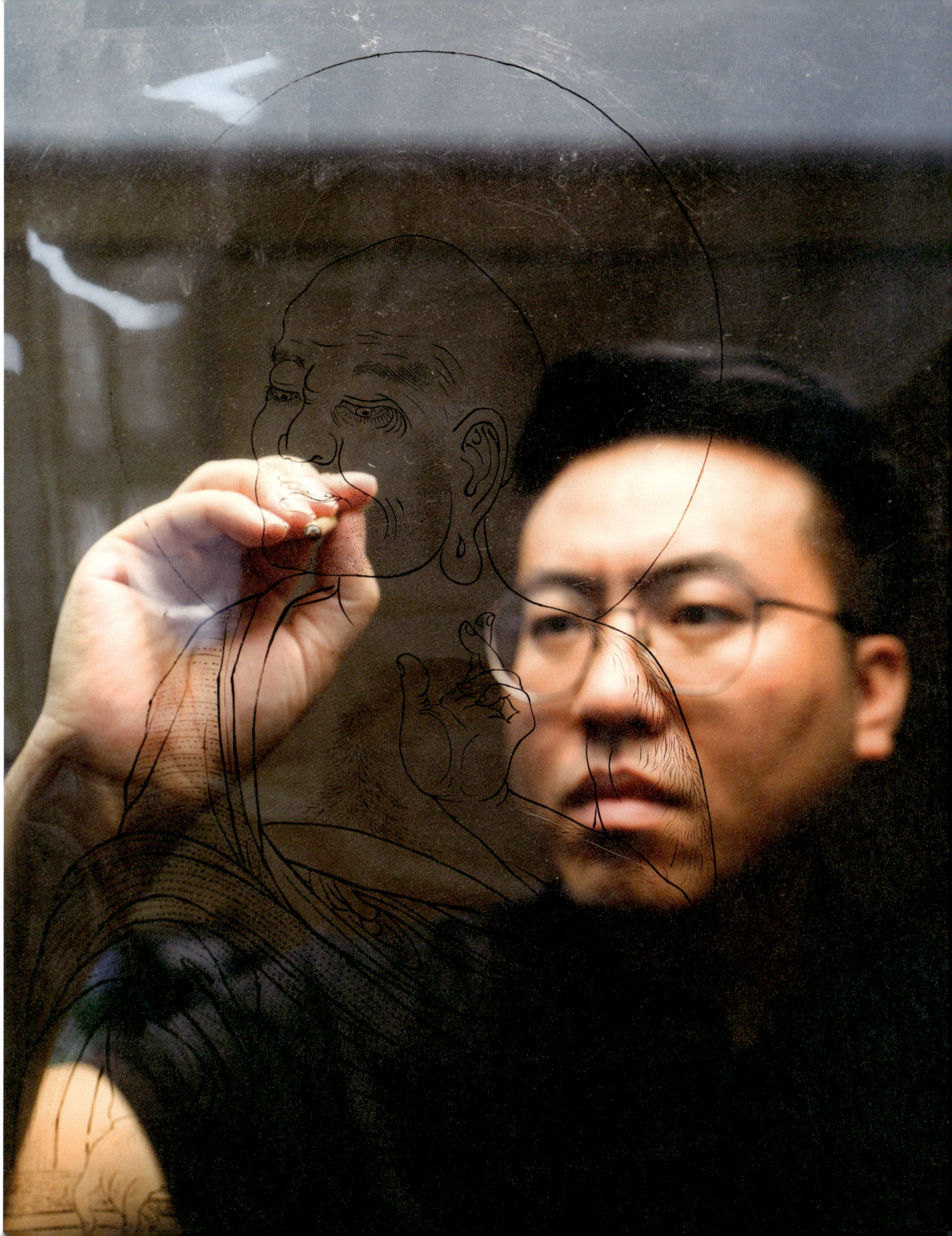

胶版过稿，摄于 2023 年

摹画组合影，摄于 20 世纪 80 年代

我是本科毕业后来的故宫。当时我对于找工作没有什么概念，正在准备考研。很偶然的机会，于主任带队，与摹画组的郭文林老师他们一起去清华美院招新。我对郭老师印象比较深刻，他当时穿了一件咖啡色西装上衣。他很仔细地看了我的作品集，后来得知他比较欣赏我的作品，因为我上学的时候主要的绘画方向偏传统，比较适合搞传统临摹。我觉得我能来故宫最大的原因还是专业比较契合。我和陈璐姐都是清华美院国画专业的，我们是一起进入故宫工作的。

来到故宫以后，我拜郭文林老师为师，我们在一起工作生活了十几年。从技艺的传承方面来讲，郭老师一般不会反复地说一些问题，只在关键问题上提点一下，整个过程都要靠自己摸索、尝试来完成。按照我现在的理解就是他会让我有一个思考的空间，这样每当我遇到难题时我的思考会更深刻，更容易找到好的方法。

郭文林（中）与学生巨建伟（右）、张蕊（左）合影，摄于2020年

实际上我感觉高校的中国画教学目标和故宫的临摹标准还是差得非常远的。在美院学习的时候，临摹只是作为一种学习方法，以学习古画的技法、表现形式，了解古人的观察方式为目的，不要求摹得十分精细。故宫的书画临摹是要做副本的，所以每个细节必须一模一样，技术上要达到尽善尽美的程度。

有时候我们会参与到书画修复的工作中，负责接笔，这是个非常关键的环节。如果技术达不到完全精确，那就是给修复的老师添乱，补缀的部分还要去掉重新再画。

郭老师的生活很简朴，很多衣服都是哥哥给他的。他很爱干净，人也清瘦，总是精神矍铄。在工作上郭老师对我不是特别严厉，当然了作为徒弟我清楚地知道他对业务的要求，我也尽力做到更好，我们师徒之间的相处一直处于很融洽的状态。郭老师在生活中对我也很关心。我是从河北老家一路求学最后留在北京的，父母不在身边，我和郭老师的女儿年龄差不多，郭老师夫妇把我当自己的孩子一样照顾，就像家人一样。郭老师的爱人康老师也在我们摹画组工作，两位老师早上来单位都比较早，我生病的时候，康老师会先去医院帮我挂号，我到单位之后再陪我一起去看病。

摹画基本工具

郭老师心很细，很护着我。我刚来故宫工作的时候什么都不懂，当时李红老师的工位上有个画框，里面装了一件罗汉像，为了避免污渍、墨水溅到画上，李老师在上面铺了一张纸，我不知道纸下面有画框，结果不小心把画框的玻璃压坏了。郭老师跟我说："你别管了。"等李老师回来之后，我还没来得及去承认错误，郭老师就说："我弄的。"虽然后来我也说明了情况，但是郭老师对我的这种爱护，我是非常感激的。

郭老师那个年代的人普遍不善于表达感情，他对晚辈的爱护和关照都体现在工作和生活上，他是真的会为我们这些年轻人着想。我是农村长大的孩子，在面对爱和表达爱的时候是很羞涩的，所以我们师徒都是很含蓄的人。

在故宫做古书画临摹工作，对于提高临摹技艺是很有益处的。我在工作的同时自己也在坚持创作，通过严格的摹画训练，对绘画古法的理解可以达到更深入的程度，对笔墨掌握更精准了，对于一些技法的运用也更加准确，这种积累对我个人的艺术创作来讲也是有决定性帮助的。只有绘画技术达到了一个很高的水准，再去表达的时候，才能达到理想的效果。

巨建伟工作照，摄于 2023 年

拓展来讲的话，古书画临摹技艺本身的价值不仅仅是为博物馆或者为社会制作精品书画的副本——民国时期的一些大艺术家来故宫临摹过书画，这些人后来有的在画院工作，有的在高校教学，他们都为美术事业的发展做出了很大贡献。这说明书画临摹无论是对早期书画学习的入门还是对后期的书画创作来说都是有巨大帮助的。临摹以技法和材料的掌握为切入点，对于理解文物和重新解构文物都有非常重要的意义，具体来说对于书画的研究和鉴赏都是大有裨益的，在如今的博物馆系统从这个角度去研究中国画的意识还是有一定缺失的。所以赵国英院长和我讲过，要把古书画临摹技艺提到一个学科的高度，有助于我们掌握古人绘画的逻辑，掌握中国画独特的观照[也叫静观。美学名词。指人（主体）在超功利的状态下对事物（客体）特性进行观察、体验、判断、审视等特有的心理活动。早在古希腊，柏拉图就已使用观照一词。他认为，审美就是对美本身的一种凝神观照]。

故宫的书画临摹在国内是比较特殊的，其他的一些博物馆通常是将临摹工作与书画修复混在一起开展的，只有我们的临摹是传承有序且具备一定规模的。中国历史上一直都有书画人工临摹这个传统，比如明清两朝的宫廷画师就肩负着两方面的任务，一是为皇家画肖像作品，二是为名画做摹本。清代的宫廷画家丁关鹏，就是我们这个行当的前辈，档案中明确记载了很多他临摹古画的细节。

郭老师他们这代人受时代的局限大多没有经历系统的学院美术教育，我们这一代基本上都是从高校的美术学院出来的，所以我们应该要站到一个学科的高度上来理解临摹技艺，用工作实践来诠释它，给它一个新的定义。

古书画临摹技艺不只是一个手艺，要和艺术创作联系起来，将这种技艺的传承辐射到我们的现代美术教学中去，和书画、文物相关的领域都要关联起来。这样的话，让临摹记忆在和它相关联的这些工作上能够发挥它的最大意义。工匠精神是一定要坚守的，但是我们在传承技艺的同时还要将其发扬出去，加强工作的学术性，从美学的角度来看待这项技艺，增加古书画临摹的厚度，让它“活起来”，这可能是我未来想做的事情，也是我工作十二年以来的一些感受。

程俊英

程俊英，1982 年出生，文学博士（书法文献与书法史），艺术学博士后（中国古代书画鉴藏史），故宫博物院副研究馆员，中国书法家协会会员，全日本华人书法家协会副主席，东京艺术大学书道教育研究会副秘书长。主要研究方向为中日书法交流研究和日本藏中国古代书画调查研究。

“印章的线条是有精神、有弹性的，墨与纸的关系是充满丰富性的。”

程俊英在工作室，摄于 2023 年

程俊英篆刻

程俊英篆刻

程俊英篆刻作品

我是于2019年进入故宫博物院博士后科研工作站进行中国古代书画鉴定藏史的研究工作的，2022年，进入文保科技部从事古代印章的复制和临摹工作。在博士后科研工作站我的研究方向主要以中日书法交流研究和日本藏中国古代书画调查研究为主，在中日书法交流研究方面，我以杨守敬与明治时期日本书坛研究为切入点，对杨守敬的著述、在日期间的交游、在清代碑学史上的重新定位，以及他对近代日本书坛的影响等进行了细致讨论；在日本藏中国古代书画调查研究方面，我从日本藏中国宋元时期法书墨迹调查研究着手，对藏品的数量、藏地、题跋、流传方式和递藏途径等进行了细致研究。在工作中，我还盘点了大量故宫博物院藏古代印章的相关资料，以期在工作之余进行整理和研究，达到工作上的理论与实践相融合。我很幸运，出站后有幸在有着六百年历史积淀的故宫里零距离地感受传统文化的博大浑厚，并能将自己的专业作为职业，每天从事与书法篆刻有关的工作。

程俊英在工作室，摄于 2023 年

在故宫里临摹的每一方古代印章，都带给我不同的感受，仿佛自己置身于某个时代，感受文人艺术家们的创作气息，同时也对我的研究起到了积极的促进作用。文保科技部的书画复制与临摹工作是业内顶级的，这里有摹书法的、摹画的老师，正好没有手工摹印章的人，刚好我是学书法篆刻专业的，比较适合这个岗位。技术复制组的王赫老师和聂伟老师一直用 3D 打印技术来复制印章，他们的技术很成熟，效果也很棒。

我来了以后主要从事手工摹制印章工作，摹好的章盖在摹画组临摹的书画上，算是填补一个我们组手工复制的空白吧。我真正接触专业的书法篆刻学习，始于家乡冰城，辗转上海、东京、北京，东迁西徙已二十年有余。多年来，我有幸受业于多位名师门下，获得了广阔的视野和专业的学术研究方法，这些认知积累为我当下的工作奠定了坚实的基础。我上大学的时候练基本功——摹印，要写反字，就是把字反着写在石头上，原印的每个线条、每个空间、每个粘连的地方要写得一模一样。初学的时候一方印至少要临摹上百次，要求的就是准确性。3D 打印在整体的结构形态、细节位置上都很准。但是摹印就像画画一样，比如画一个人的速写，你把他画出来，他眼里的那种神态、精神，与照片相比是不一样的。印章的线条是有精神、有弹性的，墨与纸的关系是充满丰富性的，艺术家是带着情感去创作作品的，机器也许很精准，但是它没有情感在里面，这就是差别，艺术品最动人最生动的地方就在这些细节里。

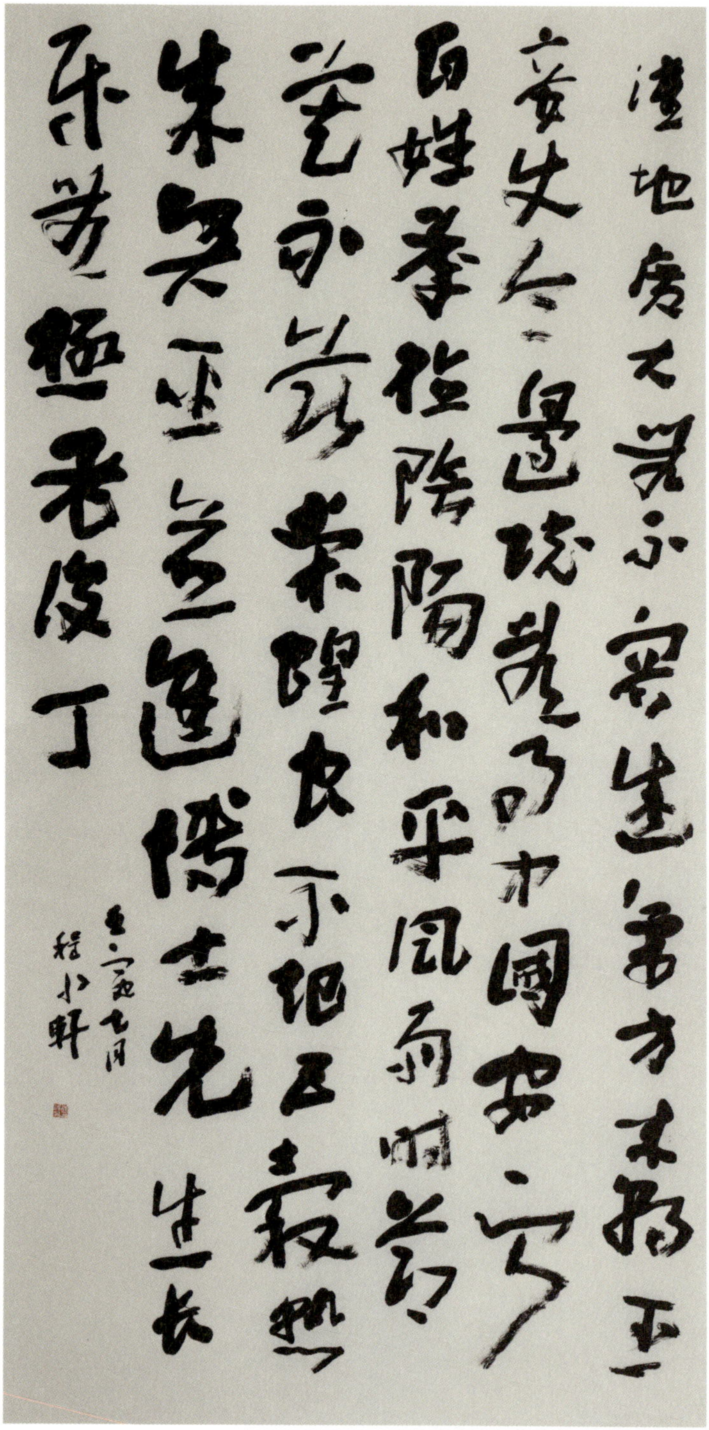

习作，程小轩为笔名

我的工作是摹印，就是临摹复制，就是要与原作一模一样。搞创作就不一样了，创作要的是我自己的思想，体现的是个人修为，包括我见过的世面，走过的路，接触过的艺术思潮的一个综合体现，这些都要在纸面上表现出来。以前我们想了解书画作品，都是从书本上学习各位专家的研究成果，偶尔会去参观展览，这样只能获取相对表面的认识。如今在故宫工作可以零距离看到一些书画原作，包括科技部每天来来回回进出的各类文物有不少，像木器、漆器、青铜器等各类文物能瞥上一眼就会有很多感受，所有的艺术门类都是相通的。

氛围很重要，我觉得每天都可以看到这些文物，在这个环境里对艺术家来讲是最幸福的事。我的老师一直很强调这一点，他说人的眼光很重要，原作的墨迹和纸张、绢帛的质感，是否见过原作对于一个人来说吸收的内容都是不一样的。我们临摹书法字帖，比如宋元的这些文人手卷，上面的题跋和印章在字帖上是看不到的，所以没有看过原作的人就不知道哪些人收藏过它，在上面又留下了什么，有哪些人给这件作品一个很好的评价，有哪些人当年经常雅聚在一起欣赏讨论，解读这些信息的过程会使我们产生各种各样的认知。在以前没有如今丰富的资料和信息的年代，那就是谁见的东西多，自然眼光就高。徐邦达先生早年在南京博物院临摹了傅抱石先生的书画，他的作品完全可以乱真，对照着原作来临摹，每个细节都一模一样。过去文物保护的要求可能没有现在这么严格，所以那会儿的专家能经常看到真迹，并且拿在手边摸，所以那一代的很多老专家，能写能画还临摹过，所以鉴定水平都很高超。如果没有深入的临摹和了解，在研究鉴赏一件书画作品时永远隔着一层纱。

2008 年，程俊英在日本一桥大学上茶道课

由于我个人的求学背景，我对中日书法艺术有一些自己的理解和看法。从文化传承的角度来说日本的文化就是来自于中国文化，但是为什么日本的文化有自己的特殊性呢？因为他们接受西方的东西比较早，把中国的传统文化加上了一些西方的思想。日本人也很聪明，我觉得他们逐渐形成了自己的所谓的这个大和民族的文化——中国的插花，他们升华为花道；中国的书法，他们升华为书道。日本人把书法升华为道，体现的是他们对书写的一种敬畏心态。他们对中国的魏晋、隋唐文化极其推崇。但是到了近代，因为日本文化越来越开放，他们接受西方的东西越来越多，西方当代思潮就慢慢融入到他们作品里了。比如日本人的书法作品，与其说是写字，不如说他们把文字图像化。日本书法讲究空间，讲究构成，讲究线条。日本有一些现代派的书法家作品字数很少，不像中国书法密密麻麻写一堆，他们一个字写得就很大，比如井上有一的作品。这类日本书法家的作品特别有视觉冲击力，强调撕裂、崩塌这样的概念，看起来更像绘画作品。而中国画讲究的是一种气韵，很婉约，很朦胧，与日本书画的调性是不一样的。中国人对日本的书法的看法是不一样的，比如一些偏当代的人，可能就比较接受，一直钻研传统书法的人对这些就不能接受，这是一个很正常的现象，艺术的评价标准本来就不是唯一的。我从专业的角度来讲还是会认可的，日本当代书法确实有它的优点。

我的求学经历潜移默化地对我产生了很大的影响，开阔了我的眼界。至少我在看待印章和书法的时候会变得包容，就像我们遇到的人一样。我常和儿子说如果一个人让你不开心，那还会有让你更不开心的人，也会有让你开心的人，我们肯定要包容，随着我们遇到的人越来越多，自己的格局就会打开。艺术也是这样的，很多艺术门类实际上最终都是相通的，它是自然的一个东西，无论油画还是书法最终追求的都是自然，也就是常被提到的“道法自然”。

我的生活很简单，工作之余，我喜欢安静地读书，也喜欢逛古书店、博物馆，以及到私人藏家处看书画作品的真迹，找生活中的感悟和创作素材，然后伏案创作，尤其喜欢刻刀在印面上行走时的爽劲之感，特别解压。

文保科技部的氛围是很好的，同事们都很棒，大家各自有自己的专长，一起交流其实就是一种学习，每天都能开阔视野。看不同的文物，和不同年龄不同专业的人学习对我的书法创作是大有益处的，工作与创作也是相辅相成的，理论与实践也能相互作用，不断趋向一个平衡的状态。

刘思麟

刘思麟，1990 年出生，研究生毕业于清华大学美术学院摄影专业，故宫博物院修护信息采编组馆员，知名青年当代艺术家，2015 年入选“中国当代摄影新锐 TOP20”，2016 年获“JIMEI-ARLES 国际摄影节”发现奖等，代表作品《我无处不在》多次在海内外参加展览。

影像创作者，
二〇一六年进入故宫，
从事文物信息数字采集工作。
刘思麟

“把文物、故宫甚至历史既看作是工作对象，也看作是创作对象。”

2016 年我即将要研究生毕业的时候，本来学艺术的我对职业没有什么规划。正好那时纪录片《我在故宫修文物》火了，让我了解到原来还有这样一个行业。这么多年来，我都在学习西方的艺术，所以中国的传统文化反而让我感觉很新颖。就这样决定来故宫一边工作一边学习传统艺术。

故宫的气场很强大，在这里工作让人既敬畏又踏实。每天进入这个庞大的历史建筑群里，会让人心生敬畏，但在“后宫”办公的时候，静谧的每个角落也引人好奇。天气好的话，午休时间我会和同事们一起在宫里走走，大家有不同的学术背景和视角，一起逛逛常有新收获。比如和我同年来到故宫的段晓明，他很懂收藏，尤其专注于不同年代的瓦片，走到不同的地方，他会给我讲述关于瓦片的历史和故事，间接使我有了一个新的切入视角、方式去认识故宫。

如果说工作可以磨炼人的能力，而面对文物的这份工作更磨炼人的心性。长期与文物接触让人做事更细致、严谨，更有耐心，从而整个人的节奏都不会急躁，学会从“慢”中找到乐趣。和很多其他行业不同，这里的工作以文物的安全为首，效率并不是第一位的，在这样的环境氛围中我能发现事物更多的细节，学会如何深入了解。

文物是人类文明的载体，也是人类艺术和工艺上的明珠。通过文物去了解历史、欣赏艺术是一种很快乐的方法，甚至是一种捷径。故宫就是取之不尽的宝库，可以让人长久地沉浸其中。

工作之余占据我最多时间的是艺术创作，除此以外的事情都只能引发我短期的兴趣。以前上学的时候可以专心创作，工作以后创作就变成长久的爱好，我认为这是一种良性的转变。2008 年我考上了大学，学习摄影专业，正好赶上 Web2.0、自媒体开始发展的时代。我觉得未来可能是图像大爆炸的时代，人人都可以拍照并将照片发布在媒体上，那么也就意味着人人都能够被“看见”，所以我就创作了和名人在一起的“合影”系列，并发表在网上，渴望和名人一样，被平等地看见。2013 年我考上了研究生，我的导师鼓励我继续创作这个系列，我坚持了下来，这组作品逐渐获得了业内的认可，我成了一名年轻的艺术工作者。后来我的作品的确在网络上引发了热议，我也因此实现了创作的初衷，那就是照片被广泛地看见和传播，在互联网上永久地存在和被认知。

在故宫工作和自我创作在时间和方法上是冲突的，如果不想放弃，那就只能把文物、故宫甚至历史既看作是工作对象，也看作是创作对象。一方面我能从日常工作中了解它们，另一方面要不停地寻找和实践属于自己的个性化创作方式，最后希望我能成功地用当代艺术的方式把它们再次带到公众面前。